W0461561

Axel Auriant

Rue de la Gaîté

roman

Fayard

Couverture : Cheeri
Photographie de couverture : © India Lange

ISBN : 978-2-213-72743-1
Dépôt légal : janvier 2025
© Librairie Arthème Fayard, 2025

Le théâtre est le désordre incarné.
Pour faire l'éloge du théâtre,
il faut commencer par faire l'éloge du désordre.

Louis Jouvet

À Béatrice Vignal.

1

Je vomis. Très souvent. Depuis toujours. À la moindre situation synonyme d'inconnu, je suis pris d'une angoisse viscérale qui ne trouve d'autre fin que le fin fond d'une poubelle. Dans certains quartiers, j'en viens même à connaître l'exacte position de ces dernières.

Sur le trottoir des Cours Florent, j'allume une clope, pour mieux embrumer le chaos qui m'habite.

Je n'ai jamais dit à mon père que je fumais. Peut-être parce qu'il n'est pas facile d'expliquer que je me suis mis à fumer pour faire comme Helena, et que maintenant je fume parce que c'est tout ce qui me reste d'elle. On a tous une bonne raison de faire les mauvais choix.

Elle m'a quitté cet été par texto.

D'après elle, nos modes de vie n'étaient plus compatibles. J'ai eu beau lui expliquer que les études de philosophie sans fin, à ne philosopher que dans des soirées sans fin, étaient révolues, elle ne voulut rien savoir. À en croire la poubelle avec laquelle j'ai disserté ce matin, j'aurais obtenu ma licence haut la main.

C'est la rentrée. À l'intérieur du bâtiment, un bourdonnement hors de contrôle se fait entendre. Le trac inonde déjà les murs. Je me fraye difficilement un chemin vers le tableau sur lequel les salles sont indiquées. Elles portent toutes le nom d'un ancien élève reconnu. Vivement que le cagibi porte un jour le mien.

En poussant la porte de la « Daniel Auteuil », je découvre une pièce sans fenêtres, aux murs noirs. Je plonge dans une dimension parallèle. Plusieurs rangées de chaises sont disposées devant un espace vide, baigné d'une lumière intense, comme un appel. Entre les deux, une table devant laquelle est installée notre professeur. La quarantaine, ses cheveux bruns ondulent jusqu'aux épaules, pour mieux caresser son visage de poupon. Ses deux grands yeux amandes semblent pouvoir s'activer à la moindre émotion.

Elle se tourne vers moi. Son sourire confirme ma théorie.

— Salut, Estelle, enchantée. Tu peux t'asseoir où tu veux. Ton prénom ?
— Bonjour, Baptiste, je...

Perds la parole. Ça promet.
J'ai à peine le temps de poser mes affaires qu'Estelle se tourne vers le groupe, composé d'une quinzaine d'élèves :

— Bien, tout le monde sur le plateau s'il vous plaît. Alors, pour ceux qui ne le savent pas, au théâtre, le « plateau » veut dire la « scène ». Ce premier cours sera principalement composé de petits jeux, pour briser la glace et commencer à se connecter tous ensemble.

À tâtons, la classe se dirige sur le plateau. De l'ombre à la lumière. C'est la première fois que je me retrouve sous le feu des projecteurs.

— Prenez possession de l'espace et peu à peu, vous allez vous transformer en chiens...
— Bienvenue à Sainte-Anne ! lance un camarade.
— Merci Marvin pour ce commentaire. Si tu veux aller à Sainte-Anne, je suis sûre qu'ils seraient ravis de te recevoir.

Je déteste les chiens depuis qu'« elle » en a un. Je l'ai vu sur son profil Facebook, le jour où « elle » a eu l'audace de me demander comme ami, à défaut d'avoir été autre chose pendant dix ans.

Il n'empêche qu'en quelques secondes, l'intégralité de la classe se retrouve à quatre pattes. Si le ridicule tue, merci de contacter le Père-Lachaise.

Estelle poursuit :

— Vous allez maintenant passer du chien à la girafe. Mais, petite difficulté, j'aimerais voir des girafes amputées. Sans un mot, s'il vous plaît. Inventez-vous une démarche.

Je ne me suis jamais autant senti à ma place qu'en étant une girafe amputée, malgré mon mètre soixante-neuf, que j'ai d'ailleurs toujours arrondi au mètre soixante-quinze, jusqu'à falsifier une attestation médicale pour tricher sur mes papiers d'identité.

Lors de mon dernier *date*, j'ai eu rendez-vous avec un mannequin. Elle avait l'indécence de mesurer un mètre quatre-vingts, et comble du mauvais goût, d'être aussi charmante que drôle.

J'avais eu la bonne idée d'être en retard, et de lui dire de s'asseoir à la terrasse d'un bar en attendant. Ce n'est qu'après deux heures à enchaîner les verres qu'on se leva pour entamer une balade romantique. Complexé par ma taille, j'avais sorti mon arme fatale : des paquets de mouchoirs de poche, scotché les uns contre les autres, dissimulés à l'intérieur de mes chaussures en guise de talons. Ma démarche n'était pas sans rappeler ce que je suis en train d'imiter : une girafe amputée. Déformation professionnelle.

Assis en cercle, les regards se cherchent, venant mourir dans de timides ou de trop faux sourires. Estelle donne une nouvelle consigne :

— À tour de rôle, vous allez raconter deux histoires. Une vraie, et une fausse. Ce sera ensuite au groupe de voter pour celle qu'il pense être la plus crédible. À la fin du cours, la vérité sera révélée. Je vous laisse quelques secondes pour réfléchir, et on commencera à ma gauche. Désolée Marvin, tu seras le premier.

Marvin est un jeune métis au visage rempli de taches de rousseur. Les cheveux très courts, ses yeux sont si clairs qu'on peine à en distinguer la couleur. Il est habillé d'un col roulé gris et d'un pantalon large en velours, qui tombe sur des sneakers blanches dont même l'usure pourrait avoir été pensée. Il semble de ces êtres qui s'habillent d'un rien, et que le rien habille.

Il me regarde, se fend d'un discret clin d'œil dont je ne sais interpréter le sens.

Après quelques secondes de flottement, qui ne m'ont toujours pas permis d'inventer une histoire, ni même d'en trouver une déjà vécue, Marvin se lance. Son petit toussement avant de prendre la parole trahit sa confiance de bonimenteur.

— Alors euh... Bonjour à tous. Ma première histoire c'est que je suis allergique aux câpres. La deuxième, que je suis stérile.

Le groupe est hilare. Il me fait rire, moi aussi. Armé de son sourire espiègle, Marvin paraît ravi de flirter avec les limites de l'exercice.

J'ai toujours admiré les trublions de classe qui parviennent à faire des traits d'esprit tout en jouant avec les règles. Au collège, avant de me coucher, il m'était arrivé d'imaginer tout un tas de scénarios, dans lesquels je répondais aux professeurs dans un style subversif parfaitement maîtrisé. Mais la repartie est une culture de l'instant, et je découvrais la capacité insoupçonnable d'être en retard de soi-même.

Après une dizaine d'histoires, la parole est à moi. Mon corps se met en alerte, se raidit. Mon cœur accélère, mes mains deviennent moites. Vertige. Je me lance.

— Ma première histoire se passe au ski. Mon oncle avait trouvé amusant d'emmener ma tante sur une piste noire en lui faisant croire qu'elle était verte. Elle est tombée après vingt mètres et s'est déchiré les ligaments croisés. À la clinique de la station, ils se sont insultés, puis se sont séparés. Depuis, je suis traumatisé des pistes noires…

J'ai à peine le temps de finir ma phrase que quelques rires s'échappent du groupe. Galvanisé, je continue.

— Ma deuxième histoire se passe quelques années plus tard. Je promène mon chien qui s'appelle Choupinette – j'ai un peu honte de ce nom, mais rassurez-vous, au départ il devait s'appeler Chanel…

Deuxième salve de rires. Une drogue, je me sens pousser des ailes.

— Bref, j'avais mes écouteurs bien vissés dans les oreilles, j'écoutais Daniel Balavoine à fond et une fois arrivé chez moi, je me rends compte que j'ai oublié mon chien quelque part pendant la promenade. Je reviens sur mes pas à toute vitesse, et je crie partout en pleurant : « Choupinette, Choupinette, Choupineeeette… »

Troisième salve de rires, et cette fois-ci, même Estelle sourit.

— Après une heure de recherche, je rentre, bredouille. J'appelle l'ascenseur et je découvre Choupinette, qui était restée là, sagement, à attendre que les portes s'ouvrent…

Mon cœur bat la chamade. J'ai peur, mais je veux recommencer. En prenant la parole, j'ai eu l'impression d'atteindre un espace de liberté absolue où je peux tout dire, tout faire. D'être le maître du présent. Pour la première fois, j'ai trouvé un endroit où je me sens en sécurité.

Ce que mes camarades ignorent, c'est que dans une panique interne générale, j'ai totalement inventé ces deux histoires. Après tout, le théâtre, c'est composer avec du faux pour fabriquer du vrai.

J'aime inventer des histoires depuis que je suis petit.

Tout a commencé lors d'un dîner banal chez mon grand-père. Entre deux combats de catch clandestins organisés dans sa chambre avec mes cousins, nous avions découvert de vieux costumes de scène, cachés sous le lit. L'idée nous était alors venue de présenter un « pestacle » au moment du dessert, prétexte pour arborer fièrement nos dernières trouvailles.

Une fois dans le salon, les regards conjoints de ma tante et de mon père nous avaient vite convaincus de les ôter. Mais mon grand-père avait souri, avant de nous raccompagner jusqu'à sa chambre. De l'armoire, cachée derrière des piles de draps, il avait extrait une malle remplie de photos déchirées et jaunies par le temps. Pour la première fois, il s'était mis à nous raconter son histoire. Au fond, c'était aussi la nôtre.

Sur l'une des photos, il portait le costume que j'avais choisi pour notre représentation familiale. Et en regardant le cliché de plus près, nos rires enfantins avaient fendu le silence devant son énorme faux nez. Il avait été pris à l'occasion de la dernière pièce jouée avec sa troupe de théâtre au lycée. Il interprétait le rôle de Cyrano, fou amoureux d'une fille, mais qui, complexé par son gros nez, n'ose pas lui avouer ses sentiments. Malgré sa passion dévorante pour le théâtre, mon grand-père fut envoyé de force par ses parents en internat à des centaines de kilomètres de Paris. Son rêve en lambeaux.

Ces quelques phrases de mon grand-père m'ont marqué à jamais. Petit, quand on me demandait le métier que je voudrais exercer une fois adulte, je répondais : « Cyrano. »

Ainsi, à chaque dîner de famille, c'était le même rituel. Franchir la porte, courir dans la chambre de mon grand-père, prendre les costumes, et inventer une histoire dans laquelle mettre en scène mes cousins tyrannisés. Comme tout despote qui se respecte, je veillais à me donner le meilleur rôle.

Je ne sais pas si ces spectacles me permettaient de combler le vide qu'« elle » avait laissé ou de me rapprocher de mon grand-père. Mais ces mises en scène enfantines me procuraient une joie indicible. J'attendais ces rendez-vous hebdomadaires avec impatience, finissant même par écrire mes histoires à l'avance. Ma carrière de dramaturge s'est arrêtée quand mes cousins ont pris trente centimètres, et qu'ils ont commencé à exiger des cachets plus sérieux qu'un Doliprane.

En grandissant, j'ai fini par enfouir moi aussi ce rêve de raconter des histoires.

Héritage familial.

Les rêves sont parfois des costumes trop grands.

Heureusement, cette rentrée aux Cours Florent porte le parfum d'une liberté retrouvée. De celle qui nous rapproche du chemin de nos rêves.

*

Fin du cours. Heure de vérité également. Mais comme toutes les vérités ne sont pas bonnes à dire, je m'attarde à révéler que l'histoire vraie était celle du ski. Marvin est quant à lui allergique aux câpres, la beauté fatale est fertile.

Estelle évoque les pièces que nous travaillerons cette année. Je reconnais quelques titres de notre bibliothèque. La majorité de nos livres provient de l'héritage de mon grand-père. Mon père me répétait sans cesse qu'ils valaient tout l'or du monde. Ce fantasme avait perduré jusqu'en primaire, quand Léo m'avait un jour juré qu'à Londres, eux aussi payaient en livres. Le lendemain, en essayant de payer avec un livre à l'épicerie, j'ai vite compris. Les rêves valent bien plus cher.

— Pour l'examen du premier trimestre, vous devrez choisir une scène extraite du *Mariage de Figaro* de Beaumarchais, et préparer une carte blanche censée vous présenter, sous forme théâtrale libre, enchaîne Estelle. Cela signifie que vous pouvez écrire un texte, une chanson, une chorégraphie, bref, ce que vous souhaitez du moment que vous montez sur scène.

Sur ces consignes, je sors fumer, d'autres élèves m'emboîtent le pas. À la sortie de la salle, certains font connaissance, quand d'autres cultivent un mystère de leurs silences.

J'allume une clope. Marvin vient à ma rencontre.

— C'était drôle tes deux histoires !

Dans un sourire, j'avale trop de fumée d'un coup et lui crache ma toux au visage.

— Tu as appris à fumer où, du coup ?

Je ne sais pas quoi répondre alors je souris bêtement, comme si cela pouvait suffire à me rendre insondable.

— Tu viens de Paris ? enchaîne-t-il.

— Je suis né à Nancy… enfin, j'ai grandi à Paris, mais je n'ai jamais trop assumé de passer pour un Parisien, alors je m'obstine à faire croire que je viens de la campagne. Et toi ?

— Moi c'est l'inverse. Je viens de Grigny et j'ai toujours essayé de faire croire que je viens de Paris.

Marvin habite seul dans un palace de neuf mètres carrés sous les toits, avec toilettes sur le palier. L'indépendance a un prix. J'ai hâte de conquérir la mienne. Marvin réagit :

— Je suis ouvreur au Théâtre Montparnasse. On cherche du monde en ce moment, ça t'intéresse ?

— Grave ! Mais on ne se connaît pas encore très bien…

— Tu vas me tuer et m'enterrer sous ta terrasse ?

— Je n'ai pas de terrasse.

Sourires complices.

— Parfait. Je demande à la directrice ce soir si tu veux ?
— Merci beaucoup... Je ne sais pas comment te remercier.
— Une clope ?

D'autres élèves du cours nous rejoignent et tandis que certains proposent de déjeuner au kebab du coin, je prétexte un rendez-vous chez le médecin pour ne pas révéler la véritable raison de mon refus : je n'ai pas assez d'argent pour déjeuner à l'extérieur.
Voilà le malade imaginaire.

2

Quatrième café du matin. Mon cœur danse la lambada. Pour une fois, mon père prend son petit déjeuner avec moi. Sa dernière recette est révolutionnaire : la tartine beurre Nutella banane. Une sorte de création infâme pour tout être humain possédant un palais.

Le nôtre est un modeste deux pièces, situé boulevard Barbès, où mon père m'a laissé l'usufruit de la chambre. Son indépendance est à crédit de la mienne. Depuis qu'il est au chômage, il colore ses journées de la couleur du chagrin.

« Elle » et lui se sont rencontrés à la foire de Nancy. Mon père s'était découvert un don pour la ventriloquie, et tenait un stand où il s'obstinait à vendre des peluches en forme de paresseux. Sans succès. Alors qu'il faisait la démo à une mamie devant son petit-fils, « elle » s'était arrêtée, fascinée par celui qui semblait inarrêtable.

— Approchez, madame, venez lui dire bonjour, elle ne va pas vous sauter dessus. Elle s'appelle Snooky.

La mamie s'est approchée, permettant à mon père de faire sa blague préférée. Sans sommation, il fait un bond avec sa marionnette :

— Bouh !

La dame s'est écroulée. Arrêt cardiaque. Arrêt de carrière.

Depuis, mon père reste traumatisé, et Snooky en garde à vue, dans un carton à la cave.

Avant leur divorce, il est resté enfermé des mois, voire des années, sans opposer la moindre résistance au régime dictatorial que le monstre nous imposait à la maison. Mon père était devenu aussi paresseux que sa peluche.

Le monstre était un volcan rempli de lave et de colère, capable d'entrer en éruption à tout instant. Ce climat d'insécurité a fait de mon enfance un champ de mines. Elles explosent désormais les unes après les autres, agrandissant le trou de la Sécu à chaque séance de psychothérapie. Pendant des années, j'étais persuadé qu'être frappé et insulté à la moindre erreur était la norme des enfants. Que c'était comme ça qu'on apprenait. Que c'était comme ça qu'on aimait.

Le monstre ne me disait pas je t'aime avec les mots, il me le disait avec les mains.

Sauf que le monstre, c'est « elle ».

*

Camille arrive avec cinq minutes de retard en cours. D'origine espagnole, véritable pile électrique, son sourire et son léger accent suffiraient à faire excuser n'importe quel retard. Estelle n'est visiblement pas du même avis. Elle ne lui adresse pas plus que cette phrase, prononcée sur un ton monocorde et désintéressé :

— Tu peux rentrer chez toi. Ici, comme sur scène, on est à l'heure. À vendredi Camille.

La porte se referme. Estelle se tourne vers nous :

— Vous voilà avertis. Aujourd'hui, vous allez improviser par groupe de trois. L'idée est que vous imitiez des enfants, sans prononcer un mot. Il faut que vous appreniez à jouer avec les moindres réactions. Vous avez deux ans à nouveau, profitez-en.

Sourires crispés dans l'assemblée.

— Qui se lance ?

Germaine, jeune femme au charme inversement proportionnel à celui de son prénom, lève la main, suivie de Marvin. Je me lance aussi.

En quelques instants, nous voici tous les trois assis sur le plateau, alertes. Je sens Germaine gênée, au contraire de Marvin qui, fidèle à son poste, arbore un sourire que je connais déjà trop bien. Il émet un pet bruyant sans aucune gêne, face à l'assemblée hilare.

Estelle assène :

— Allez-y, continuez, ne sortez pas de l'impro. Jouez avec. C'est super.

Les autres ignorent pourtant l'odeur que nous inflige Marvin sur scène. Le soufre porte si bien son nom.

Tant bien que mal, j'essaie de cacher mon rire, qu'Estelle surprend :

— Baptiste, si tu as envie de rire : ris ! L'impro, c'est jouer dans l'instant avec son sentiment. Jamais contre.

Je tente maladroitement de me diriger vers Germaine en pointant du doigt Marvin, l'air dégoûté. Ce dernier commence des mimiques plus drôles les unes que les autres pour nous imiter. D'un coup, je suis tétanisé et ne sais plus quoi faire. Le pire dans l'impro c'est le cerveau. Mais comme un malheur n'arrive jamais seul : le cœur s'en mêle. Je perds toujours mes moyens face à quelqu'un qui m'attire.

*

Devant les Cours Florent, comme si ses sourires n'avaient pas suffi à m'achever, Marvin vient vers moi.

— J'ai eu la directrice du théâtre hier. On galère vraiment à recruter de nouveaux ouvreurs. Si ça te dit toujours, passe vers seize heures, tu demandes Madeleine à l'accueil, et très important : viens en costume-cravate.

Six heures pour en trouver un.

Sur le trajet, je fais un détour boulevard de Magenta. Au rez-de-chaussée de chaque immeuble, une boutique de costumes à petit prix. Mais même les petits prix ne sont pas les miens.

Dans l'appartement, mon père coagule avec le canapé, devant le journal télévisé.

— Papa, tu n'aurais pas un costume et une cravate quelque part s'il te plaît ?

Il se lève, silencieux, et se dirige vers la chambre. Quelques secondes plus tard, dans un sourire gêné, il me tend une grande boîte que je n'avais jamais vue. Mon père a la tristesse pudique. Au milieu d'un amas de poussière, je devine ce que je redoutais, une inscription qui me renvoie au pire : « Mariage ».

J'ai hâte d'avoir les moyens de ne plus porter quelque chose en rapport avec « elle ». Mais pour l'heure, je n'ai pas le choix, j'enfile malgré moi le costume fripé de mon père. Le pantalon est beaucoup trop grand, je tente de faire des ourlets avec du scotch. Pour les chaussures, je fabrique une semelle de mouchoirs comme à mon habitude. Tant bien que mal, j'essaie de donner le change, et remercie mon père. Mais en voyant mon reflet dans le miroir, je me demande si je ne ferais pas mieux de postuler dans un cirque.

3

À la sortie de la bouche du métro Gaîté, je retrouve le capharnaüm parisien. Au fond, je me demande si le seul rêve de mon père ne serait pas de rêver encore. Sur cette pensée, un homme pressé me bouscule dans une flaque. Mon costume est trempé mais je ne réponds rien. C'est ma manière à moi de sortir des conflits : ne jamais y entrer.

Dépité, je continue mon chemin. Je découvre la rue de la Gaîté. Avec ses cinémas porno et ses théâtres, elle se partage entre le monde du sexe et celui du spectacle. Si tant est que le premier n'ait jamais été deuxième.

J'essaie maladroitement d'essuyer ma veste, mais rien n'y fait, je me sens honteux et sale. J'ouvre la porte du théâtre et m'avance prudemment vers la billetterie. Derrière la vitre se tient une créature fascinante. Comme les derniers soldats d'une guerre capillaire perdue d'avance, deux énormes touffes de cheveux s'accrochent encore de chaque côté de son crâne chauve. Son regard est perturbé et perturbant. Un œil pourrait regarder à jardin tandis que l'autre serait à cour. Je n'ai jamais vraiment compris quel œil fixer lorsqu'une personne a un strabisme. Alors, je me contente de jongler d'œil à œil, scrutant le moindre signal de connexion oculaire.

— Bonjour, je viens rencontrer Madeleine, s'il vous plaît. Pour le poste d'ouvreur.

Une voix stridente s'échappe de sa bouche.

— C'est de la part de qui ?
— Baptiste, sur recommandation de Marvin.

Il s'empare de son téléphone pour appeler ce qui semble être Madeleine. Dans ce genre de situation, j'essaie toujours de regarder les détails qui m'entourent, feignant de m'intéresser aux lieux. J'essaie secrètement de jouer la surprise avant que la personne attendue n'arrive. Mais ici, je n'ai pas à faire semblant.

Des photos ornent la tapisserie rouge vieillie du hall d'entrée. Sur l'une d'entre elles est réuni un collège de comédiens, que je connais grisonnants, mais que le temps connut jeunes et brillants. Je suis fasciné par cette époque révolue, où les foules se pressaient chaque soir aux portes des théâtres. On attendait d'y vibrer avec impatience, bien loin de nos temps modernes, où tout va vite, où l'attention du spectateur est à rebours.

Des bruits de talons se rapprochent, une silhouette se dessine. Septuagénaire, brushing blond impeccable, sourire vintage. C'est Madeleine. Elle est d'une élégance que je ne sais décrire. Le tailleur n'était pas pour dame, il était pour elle.

— Bienvenue, jeune homme. Vous me suivez ?

Devant cette question qui n'en est pas une, je presse le pas. On longe l'orchestre par une coursive, avant d'arriver devant une porte fermée. Un code plus tard, nous voici propulsés dans les coulisses, à droite de la scène. Les yeux en bulles de champagne, je n'ai pas le temps d'en profiter que Madeleine presse le pas. Après un nombre incalculable d'escaliers, nous accédons au dernier étage. Une seule porte se trouve sur le palier, sur laquelle est apposée une plaque :

« Madeleine de Rosemond. Directrice du Théâtre ».

Je pénètre dans une pièce d'une trentaine de mètres carrés, ressenti douze. Elle est jonchée de vieilles affiches, accrochées tantôt, posées parfois. Des d'objets sont entassés partout sur des commodes qui semblent céder sous le poids du passé. Elle me désigne du doigt un siège, face à un imposant bureau, noyé de dossiers aussi volumineux que l'intégrale des Rougon-Macquart. Ses yeux bleus ont des notes de malice.

— Donc, Marvin m'a dit que vous étiez ensemble en cours de théâtre. C'est bien, les Cours Florent, mais attention : c'est une usine à rêves. Je n'arrête pas de le lui répéter. Vous vous engagez dans un métier compliqué et, selon moi, c'est ici le meilleur endroit pour l'apprendre. Vous serez payé au tarif syndical, en plus des pourboires, qui seront partagés entre chaque ouvreur, dans un souci d'équité. Si vous acceptez, le contrat est à durée indéterminée, et vous commencez dès ce soir. Vous avez des questions ?

Elle a enchaîne ses phrases d'un coup. Sa logorrhée aurait pu s'apparenter à un concours d'apnée. J'ai bien été obligé de mettre des points pour que ce soit digeste. Je fais « non » de la tête. Elle enchaîne :

— Pour l'instant, nous n'avons qu'une seule pièce à vingt et une heures : *Le Misanthrope*, avec Marcel André, je ne sais pas si vous connaissez.

Il faudrait habiter dans un bunker pour ne pas connaître l'existence de Marcel André. Acharné de travail, il s'est peu à peu fait une place au cinéma et au théâtre, avant d'être couronné tant de fois aux César et aux Molières qu'il pourrait se servir de ses trophées comme de pieds pour sa table basse. Je me souviens surtout de mon grand-père qui nous parlait de lui après avoir assisté à chacun de ses spectacles. Considérant qu'il faisait partie du patrimoine national, la plaisanterie était allée jusqu'à ce qu'il rédige une lettre manuscrite lors d'un dîner de famille arrosé, demandant l'inscription de Marcel André au patrimoine mondial de l'UNESCO. Parfois, il avait même les larmes aux yeux. Son admiration était communicative.

— J'ai passé des nuits entières à lire chacune de ses interviews et c'était le comédien préféré de mon grand-père, ai-je répondu à Madeleine.

— Tant mieux. À partir de janvier nous accueillerons une nouvelle pièce à dix-neuf heures.

— Et vous allez prolonger *Le Misanthrope* ?

Madeleine noie sa réponse dans une question.

— C'est bon pour vous ?

Je ne prends même pas le temps de réfléchir. Je brûle d'envie de découvrir le théâtre de plus près. Je lance :

— C'est d'accord. Merci.

— Ne me remerciez pas trop vite jeune homme. Je sais que ce métier peut être compliqué lorsqu'on aimerait être sur scène. Mais vous serez avec Marvin, en qui j'ai une confiance absolue.

À croire qu'il est mon ange gardien.

— J'oubliais. Le costume-cravate est obligatoire. Vous pourrez vous changer et le laisser après les représentations dans vos vestiaires, au dernier étage. À ce propos, je compte sur vous pour repasser votre chemise et votre costume avant ce soir. C'est une tradition à laquelle je tiens. Le théâtre est une fête. Vous en êtes maintenant un serviteur.

Elle a lâché cette phrase avec le ton sur lequel je m'amuserais à imiter Marie-Antoinette. Qu'importe, je mangerai de la brioche.

L'entretien touche à sa fin.

— Je peux vous faire confiance ? me demande Madeleine.

— Oui, bien entendu.

— Vous pensez pouvoir retrouver votre chemin où je vous raccompagne ?

— Non, ça ira, merci.

— N'oubliez pas : dix-neuf heures dans le hall du théâtre. Sophie vous attendra à l'accueil pour vous conduire aux vestiaires. Et Fred à la billetterie prendra contact avec vous pour les formalités administratives.

Je vais devoir passer par la scène pour regagner la sortie. Je bouillonne intérieurement, comme si ce droit qui m'était accordé n'était pas vraiment le mien.

Après des dédales d'escaliers et malgré un sens de l'orientation proche du néant, j'arrive par miracle sur scène. Un compte à rebours est lancé, je sais que je ne dois pas m'éterniser, mais mes jambes n'en font qu'à leur tête. J'ouvre timidement une porte du décor, et en un claquement de cils je me retrouve sur le plateau pour la première fois. La salle est vide et plongée dans le noir. Seule une ampoule sur un pied est placée au milieu de la scène. Elle éclaire faiblement la salle, assez pour me laisser deviner les sièges et l'immensité du théâtre.

Je me sens si bien ici. J'ai envie de rester des heures, à scruter les moindres détails. J'ai l'impression que mes poumons s'élargissent, et que je peux désormais respirer comme jamais je n'avais respiré auparavant.

Mille pensées me parviennent, coupées net par une voix grave qui s'élève derrière le décor :

— Y a quelqu'un sur scène ?

Mon cœur bat à la triple croche, je n'ose faire le moindre mouvement par peur d'être repéré. Après un vertige de quelques secondes, une porte claque. La voie est libre. Je me dépêche de regagner les coulisses, quand un homme d'une cinquantaine d'années me surprend. Petit, bedonnant, le regard déterminé et une clope en équilibre sur l'oreille. Le charme d'un hédoniste.

— Qu'est-ce que tu fais là ?

— Je suis le nouvel ouvreur, je voulais juste voir la salle.

— C'est interdit, surtout pour les ouvreurs. La prochaine fois je préviens la directrice. C'est quoi ton nom ?

— Baptiste, et vous ?

Il me tourne le dos et s'en va sans répondre. On repassera pour les présentations. J'ai la désagréable sensation d'avoir quinze ans et d'être bientôt convoqué chez le proviseur. La vie d'adulte attendra. La scène aussi.

Après avoir gagné la sortie, lâchant un timide « À ce soir » à la billetterie, je me retrouve enfin à l'extérieur. J'envoie un « À tout à l'heure ;) » à Marvin. Le clin d'œil est un pas en avant. Son simple « Yes » en réponse, un pas en arrière.

Ayant deux heures à tuer, je flâne dans les rayons du Monoprix de quartier. Je saisis le moins cher des fers à repasser et me présente à la caisse. En blanchisseur de fortune, ma carte est bloquée.

*

Je n'ai eu d'autre choix que de me présenter au théâtre avec mon presque costume en l'état. Sur place, je scrute les lieux, j'espère secrètement croiser Marcel André. Une femme en robe noire m'interpelle à la porte :

— Baptiste ? Je suis Sophie, bienvenue.

Sophie a la cinquantaine aussi repassée que sa robe. Nous dépassons la dizaine de personnes agglutinée dans le hall pour prendre les escaliers. Il lui semble si facile de les grimper qu'elle doit être née en talons.

Au dernier étage, par une porte dérobée située à côté des toilettes, nous entrons dans un vestiaire sombre. La lumière blanche du plafond confère à la pièce la chaleur d'un hôpital. Deux bancs sont collés d'un côté du mur, tandis que de l'autre, des casiers sont alignés. Elle me désigne le mien, tout au fond de la pièce, d'un geste dédaigneux.

— Je t'avoue que je ne comprends pas bien pourquoi tu es ici, on se débrouillait très bien à quatre. Madeleine m'a dit que tu n'avais jamais été ouvreur ?

— Non, c'est ma première fois.

— Donc ce soir tu vas me suivre. Ici, chacun gère son secteur et on change tous les soirs. Très important, on partage les pourboires. Et ne t'avise pas d'essayer de cacher les tiens. Traçons une ligne imaginaire au milieu du théâtre. Si on est dans le public et qu'on regarde la scène, à droite se trouvent les chiffres pairs, à gauche les chiffres impairs. Tu vas vite comprendre. Si tu es « Corbeille gauche », tu n'auras à gérer que les chiffres pairs. Tu me suis ?

— La corbeille ?

— C'est pas gagné.

Elle soupire comme pour mieux marquer son agacement.

— Pour faire plus simple. Quand le public est au rez-de-chaussée, c'est « l'Orchestre ». Au premier étage, c'est « la Corbeille ». Le deuxième étage, « le Balcon » et le troisième et dernier étage, « le Paradis ».

Ce mot m'est familier. Au « Paradis », le public est obligé de se pencher pour apercevoir un bout de scène, de la taille des tarifs. C'est là que mon grand-père se plaçait quand il se rendait au théâtre. Il a fini avec un lumbago, le dos aussi douloureux que sa retraite. Sophie poursuit :

— Très important : on ne quémande pas les pourboires. Et si quelqu'un s'excuse de ne pas avoir de monnaie, on ne le culpabilise pas. Un « C'est pas grave, bon spectacle mesdames, messieurs », et on repart. Si on croise un comédien dans les couloirs, on ne lui adresse pas la parole. Tu veux être comédien c'est ça ?

— Comment vous savez ça ?

— Les comédiens qui n'arrivent pas à en vivre sont généralement ouvreurs. Bon, change-toi et on se retrouve en bas dans vingt minutes pour l'ouverture. Les autres vont arriver.

Je comprends qu'elle imagine que j'ai un autre costume dans mon sac. C'est la merde.

Dix minutes plus tard, Marvin entre dans le vestiaire, essoufflé.

— Putain, j'ai cru que j'allais jamais être à l'heure… J'avais perdu mes clés à l'intérieur de chez moi ! Je suis tellement content que tu sois là, on va bien rigoler. T'as rencontré Sophie ?

Voyant mon regard, il comprend.

— Ne te fie pas à elle. C'est une frustrée. Elle voulait être comédienne quand elle était jeune, mais sa carrière s'est arrêtée avant même d'avoir débuté. Dis « oui » à toutes les conneries qu'elle te sort, elle te lâchera.

Il marque une pause, me dévisage.

— T'as un autre costume j'espère ?

— Non. C'est celui de mon père, et je suis tombé dans le métro tout à l'heure, je suis dégoûté.

— Moi aussi.

Il rit.

— J'en ai toujours deux dans mon vestiaire, au cas où. On doit presque faire la même taille, prends-le ce soir.

Une jeune femme pousse la porte des vestiaires. Elle porte un trench, qui laisse dépasser un bout de son collant noir opaque, venant mourir dans des sneakers multicolores. Style sucré-salé. Elle enlève ses écouteurs, ouvre son casier, et nous laisse contempler son chignon impeccable, semblable à celui d'une hôtesse de l'air. En se retournant, elle bondit :

— Salut ! Pardon je ne t'avais pas vu.

— Le charisme… ou l'absence de charisme visiblement.

Surpris d'être témoin de ma repartie naissante, Marvin me regarde d'un léger sourire, s'employant à actionner ses deux petites fossettes.

— Chloé.

— Baptiste, enchanté.

— Tu es le pote de Marvin, c'est ça ? Bienvenue dans la meilleure équipe de Paris. Tu as été embauché au bon moment, Luchini va peut-être jouer ici en janvier, dans la pièce de dix-neuf heures. Ses spectacles sont toujours blindés.

Marvin répond du tac au tac :

— Comme son public… Même si la monnaie est une espèce en voie de disparition. On devrait songer à s'équiper d'un TPE pour prendre le sans contact.

— Enfin, tu n'as jamais été doué pour le sans contact toi, rebondit Chloé.

À leurs rires, je devine qu'un passif les lie. Plus je le découvre, plus mes sentiments se dirigent vers Marvin. Je feins de n'avoir été touché par rien.

Après m'être changé dans les toilettes, j'ouvre la porte et tombe nez à nez sur Marvin en caleçon en train d'enfiler son costume. Il est encore plus beau nu qu'habillé.

— Tu peux te changer dans les vestiaires si tu veux la prochaine fois. Ça va plus vite, personne ne te regarde, lance-t-il.

— Pas sûr de vouloir voir Sophie en culotte parachute.

Ma blague semble faire son effet, et le vestiaire devient le théâtre d'un triangle naissant. Les 2be3 se reforment au Théâtre Montparnasse.

— Faut qu'on se dépêche, sinon, on va se faire engueuler, propose Chloé.

Nous descendons rejoindre la gentille Sophie.

— C'est là qu'on se rejoint chaque soir avant d'ouvrir les portes. Colette m'a prévenue qu'il y avait des problèmes sur la ligne treize, elle arrive, m'explique-t-elle.

— Pour ceux qui la prennent, ils feraient mieux de prévenir quand il n'y a pas de problème, renchérit Marvin.

En réaction, Sophie a le don de pouvoir sourire à l'envers, tout en levant les yeux au ciel. Je lance un timide :

— On se relaiera aussi au vestiaire de temps en temps ?

— Non, ici c'est Colette qui officie tous les soirs. Elle a eu quelques soucis de santé récemment, alors on lui évite de courir.

La treize n'aura pourtant pas évité à Colette de courir. Elle arrive deux minutes avant l'ouverture des portes. Paniquée, les yeux grands ouverts :

— Je suis tellement désolée Sophie, ça ne me ressemble pas. Je partirai encore plus tôt la prochaine fois.

J'ai toujours eu beaucoup de compassion pour les personnes âgées qu'un rien semble pouvoir anéantir. Avec l'âge, on finit par se blottir dans une routine qu'on fuyait jeune. Les repères sont un indispensable de la vieillesse.

— Je te présente Baptiste, le nouveau, lance Sophie, sur un ton monotone et ennuyé.

La soixantaine passée, un foulard élégant noué sur la tête, grand sourire, son visage est de la forme d'une évidence : Colette est le portrait d'une grand-mère que tout le monde rêverait d'avoir.

Sophie reprend les rênes :

— On va y aller. Donc pour ce soir, Marvin tu seras à la Corbeille. Chloé et moi à l'Orchestre. Baptiste tout ce que tu as à faire c'est me suivre et sourire. Ça va le faire non ?

*

Vingt heures. Les premiers spectateurs s'avancent vers Sophie. Je me poste en retrait pour observer ses faits et gestes. Un événement assez unique me surprend alors : Sophie sait sourire à l'endroit, avec une sincérité qui me désarçonne. En société, « elle » aussi brillait de son sourire benoît, pour mieux retourner sa veste dans l'intime. Lors de rares dîners à la maison, avec le peu d'amis qui leur restait, « elle » se pâmait de sourires et de faux-semblants, pour mieux forcer l'admiration des invités. Le lendemain matin, une fois mon père parti au travail, chaque mot que j'avais prononcé de travers la veille était une pièce en plus dans la machine de sa haine.

Dans le hall, la file d'attente grossit à vue d'œil. Comme une gerbille, Sophie accélère le pas. Ces trente minutes qui précèdent la représentation sont une course contre la montre, je la suis comme un petit rat au milieu du ballet. On ressent l'excitation des spectateurs avant d'entrer dans la salle. À l'intérieur, le bruit du public s'amplifie. J'apprécie tout de ce moment, sauf Sophie, qui se tourne d'un coup vers moi :

— Bon. Tu as compris le système ?

— Je crois.

— Alors les prochains, c'est toi qui les places et je te regarde.

Mon pouls s'accélère. Les acteurs vont bientôt jouer, mais tout de suite, c'est mon contrat d'ouvreur qui se joue. Deux jeunes femmes se présentent à notre hauteur. Je vérifie que leurs billets concernent bien les chiffres pairs, et mon sourire crispé mais sincère leur demande de me suivre. Je vois bien que Sophie m'épie. J'ai hâte qu'elle me lâche. J'ai le sentiment de traîner un boulet déguisé en tailleur.

Dans la salle, après avoir cherché quelques secondes leurs places, je m'adresse aux spectatrices :

— Et voilà mesdames, vous avez ces deux strapontins l'un derrière l'autre.

Je feins de ne rien attendre en retour, et je suis visiblement plus doué à ce jeu pour les pourboires qu'en ce qui concerne mon attirance pour Marvin.

— Merde, t'as pas de la monnaie toi ? Je n'ai rien du tout.

En embuscade, Sophie s'impatiente et me devance :

— Ce n'est pas grave, on doit se dépêcher. La pièce doit bientôt commencer. Bon spectacle mesdames.

— C'est bon. Tenez.

Sur le gong, l'une d'elles me glisse dans la main quelques pièces. Mon premier salaire. De retour dans le hall, Sophie s'immobilise.

— C'est presque bien. Tu as oublié le « bon spectacle » à la fin. Mais c'est bien, tu pourras prendre demain un secteur si tu le sens.

Elle s'est adoucie en un quart de seconde. Je vois cette phrase comme une promesse d'embauche. Je suis heureux. Juste ça, et c'est déjà beaucoup.

À vingt heures trente, une sonnerie continue indique le début imminent du spectacle. Sophie monte demander à Marvin si des personnes sont aux toilettes. Négatif. Elle me lance des escaliers :

— Baptiste, tu peux dire à la boîte à sel qu'on est bons au placement s'il te plaît ?

— La boîte à sel ?

Elle descend en trombe, me lançant avec la gentillesse de Kim Jong-un :

— « La boîte à sel », c'est comme ça qu'on appellait la billetterie à l'époque. On y cachait du « sel de réanimation ». Il sentait si fort, qu'il était censé réanimer les personnes qui faisaient des malaises.

Forte de sa leçon, la maîtresse se dirige vers la billetterie :

— Fred, on est bons au placement.

Fred saisit un talkie-walkie :

— Fred pour Thierry. Vous pouvez commencer quand vous voulez.

— Bien reçu.

Ce simple « Vous pouvez commencer » me fascine. J'imagine l'interlocuteur au bout du talkie, près des comédiens, leur donner le feu vert pour la première scène. Marvin nous rejoint dans le hall désormais vide.

— Putain Baptiste tu as entendu la rumeur ? Ça va être dur ce soir.

La « rumeur » c'est le nom qu'on donne au bruissement du public avant la représentation. En général, juste avec la rumeur, les comédiens arrivent à jauger comment se passera la représentation et si le public sera réceptif ou pas.

Il se reprend :

— Quoique... ça ne veut rien dire ! hier il y avait une rumeur géniale et ils ont fait un bide.

— Tu as regardé le spectacle hier ?

— Non, c'est Nedjma qui me l'a dit. Elle joue Célimène.

— Tu connais des comédiens de la pièce ?

— Non, juste elle et Pauline, on les croise parfois quand elles arrivent au théâtre.

— Mais Sophie m'a dit qu'on n'avait pas le droit de parler aux comédiens.

— Raison de plus pour le faire.

Son petit sourire en coin. Alerte fossettes. S'il savait.

4

C'est l'heure des comptes. Dans notre vestiaire, je découvre mon maigre butin. Trente centimes. En plusieurs pièces jaunes, de quoi séduire Bernadette Chirac. Sophie sort de son placard un petit carnet. Elle divise le total par quatre.

Colette l'interrompt :

— Non, c'est par cinq maintenant, Baptiste est avec nous.

Sophie laisse tomber une courte onomatopée au fond de sa gorge, puis s'avoue vaincue devant les regards unanimes de mes nouveaux collègues. Touché coulé. Reprenant sa calculette, elle annonce :

— Du coup, par cinq, cela revient à dix euros trente par personne. Mieux que rien.

Je me suis longtemps amusé à calculer chaque montant en bonbons. J'aurais bondi de joie à l'idée de pouvoir m'acheter 26,1 bonbons à la boulangerie. La richesse d'un enfant se cache peut-être dans sa glycémie. Je ne suis pas près d'être diabétique.

— Qui fait la fermeture ce soir ? lance Chloé.

— On va rester avec Colette, et demain c'est votre tour avec Baptiste. Ça vous va ?

« Pour fêter mon arrivée », comme il semble bon de trouver une excuse pour boire, Chloé et Marvin m'ont proposé de les suivre au bar d'en face. L'alcool participe au strip-tease de l'intime et favorise les rapprochements.

À la mort de son père, deux ans plus tôt, Marvin est devenu animateur l'été au Club Med. C'est là qu'il a découvert le théâtre. De Djerba à Paris, cette passion de la scène ne l'a plus quitté. Chloé évoque une histoire familiale compliquée. Pléonasme. Elle rêve d'être chanteuse, forte de quelques cours de théâtre. Mais jour après jour, elle désillusionne. Marvin l'encourage, il l'a même inscrite à « The Voice » dans son dos. Mais sur le chemin de l'émission, elle a fait demi-tour.

— Je fais ça quand je crois aux gens, se justifie-t-il.

— Et ça fait longtemps que vous vous connaissez ?

J'ai lancé cette question qui me taraude depuis les vestiaires. Pas sûr de vouloir connaître la réponse.

— Depuis trois ans. On a commencé en même temps ici, répond Chloé.

J'ai l'impression que cette réponse courte et concise cache quelque chose.

— Au début, on a eu un petit flirt, mais on est très vite devenus potes, enchaîne Chloé.

Bingo. Sherlock Baptiste à votre service.

— Toi t'es en couple ? me demande Chloé.

Panique interne. Ma réponse se déposera directement dans l'oreille de Marvin. Il faut que je m'emploie à être bref et clair, sans paraître intéressé. J'essaie d'être subtil, alors je réponds :

— Non.

Voilà, tout ça pour ça. Je suis un Marseillais de l'éloquence. D'après ses dires, Marvin a quelques relations en ce moment, mais rien de sérieux.

« Rien de sérieux. »

J'ai toujours rêvé de formuler cette phrase, l'air détaché, en évoquant des nuits passées. Mais avec moi, c'est toujours très ou trop sérieux. Mon manque de confiance s'emploie à projeter chaque début de relation sexuelle comme un début de relation amoureuse. Je fabule les moindres détails comme l'amorce d'une histoire exceptionnelle, tel un scientifique découvrant les lois de l'attraction.

— T'as déjà eu de longues relations ? me demande Chloé.

— Ma plus longue s'est arrêtée cet été. Cela faisait deux ans. Elle étudiait aux Beaux-Arts et s'est mise à étudier de plus près un bel artiste.

— Toi ? me lance Chloé, avec un sourire charmeur.

— Non, malheureusement... Et ma relation précédente a duré un an. Mais on s'est séparés parce qu'il partait vivre au Canada.

— Parce que tu es... ? me lance Marvin.

— Moi-même.

Je réponds avec un énorme sourire qui lui est destiné et il rit. Je le déteste d'être détendu quand je suis tendu comme un poteau, alerte à la moindre information de sa part. Mais aucune ne me parvient tandis que nous sommes interrompus par Chloé qui quitte le bar. Je relance la conversation :

— Comment t'as connu les Cours Florent ?

— En revenant du Club Med, c'était la première école qui apparaissait sur Internet. Mais je n'ai rien foutu l'année dernière, j'ai réussi l'exploit de redoubler une première année à Florent....

Pour multiplier les profits après le rachat des Cours Florent par un fonds américain, la plupart des élèves passent en deuxième année, peu importe leur niveau. Dans une machine à fric, l'espoir se paie cher. Mon grand-père persistait pourtant à vanter les mérites de l'école et de sa liste d'anciens élèves aujourd'hui reconnus. Marvin bondit :

— Le grand mythe de l'école ! Sauf que, personne ne dit que la plupart de ces élèves étaient en Classe libre.

— La « Classe libre » ?

— C'est une classe à part aux Cours Florent, qui s'intègre sur un concours difficile. Si tu es reçu, tu ne paies pas les frais de scolarité jusqu'à la fin de ta formation, et tu peux suivre des stages avec des metteurs en scène extérieurs pour monter des pièces. Mais sur les vingt sélectionnés chaque année, beaucoup ne viennent même pas de l'école ! Tout le monde peut se présenter au concours, qu'importe sa formation. Cette classe c'est un peu la ligue 1 des Cours Florent si tu préfères. Mais pour tous les autres qui peinent en ligue 2, voire en CFA, c'est beaucoup plus difficile. On est tellement nombreux. Donc en Classe libre, les élèves ne sont pas vraiment comme nous. Les Cours Florent jouent sur cette confusion.

Un mythe s'effondre devant mes yeux. Même si je n'ai pas compris grand-chose à son analogie footballistique. La seule équipe que je continue de supporter par patriotisme, ou par pitié, est celle de Nancy, qui chute année après année, dans le classement des pires équipes de France.

— Tu l'as déjà tentée la Classe libre, toi ?

— Jamais, et puis l'année dernière j'allais rarement en cours.

— Qu'est-ce qu'il faut faire de spécial pour l'intégrer ?

— Tu as trois tours, avec des scènes à préparer à chaque fois. C'est soixante-dix euros l'inscription, avec plus de mille cinq cents participants. T'imagines la thune qu'ils se font ? Apparemment c'est l'abattoir.

— Putain, c'est chaud. Mais donc Pierre Niney... ?

— Classe libre.

— Isabelle Adjani... ?

— Classe libre.

— Audrey Tautou... ?

— Classe libre.

— Daniel Auteuil... ?

— Classe libre.

— OK j'arrête.

— Nous on est en Classe découverte. Après, il ne faut pas généraliser, tu as des comédiennes et comédiens qui n'ont jamais été pris aux concours et qui réussissent quand même à faire ce métier. Mais c'est plus dur, car dans ce cas-là, tu n'as aucun label auquel te raccrocher.

— Plus tard on mettra le label « Classe découverte » sur notre CV tu verras, ça fera sensation.

Rire de bon cœur. Fin de la pinte.

— Tu veux que je te raccompagne ? J'ai deux casques, propose Marvin.

— Mais c'est pas du tout sur ton chemin !

— Quand on part de la rive gauche, dix minutes de plus ou de moins, on ne voit même pas la différence.

Je me laisse très facilement convaincre et suis Marvin jusqu'à son scooter. Quand on commence à éprouver des sentiments pour quelqu'un, il est des croyances faciles. Les signes sont la confiance du cœur. Son scooter rose en est un. C'est le même que celui de Pierre Niney dans *Vingt ans d'écart*, ma comédie romantique préférée. Je lance :

— J'adore ton scooter.

— J'ai galéré pour le trouver. Je voulais le même que dans *Vingt ans d'écart*, tu as déjà vu ce film ?

Je souris, évidemment.

— C'est un de mes films préférés.

— Décidément. On était faits pour se rencontrer, me répond-il de manière laconique.

Dans ces moments, je perds toute lucidité. Mon cœur s'emballe déjà. Après quelques secondes de trouble, il me tend un casque que je peine à attacher. Dans un seul geste, il se rapproche délicatement pour m'aider. Ses mains touchent les miennes et effleurent mon cou. Il ne semble pas gêné de la situation, alors que je n'ose même plus bouger.

Son souffle fait des va-et-vient sur ma bouche, qui ne demanderait que la sienne. Le casque attaché, il monte sur son scooter.

Je m'installe derrière. Il démarre. Je m'accroche aux rambardes à l'arrière à défaut de m'accrocher à lui.

La brise légère de Paris caresse mon visage, le bitume libère son air chaud et humide. Je me dis que nous sommes les enfants du paradis. Et que Paris est définitivement tout petit pour ceux qui aiment comme moi d'un si grand amour.

5

En émergeant de mon sommeil, je découvre sur la table du salon un sachet rempli de pains au chocolat et de chocolatines (ne jamais entrer dans les conflits), avec un post-it bleu sur lequel est écrit : « Parti. Pas là pour le déjeuner. Bravo pour les Cours Florent. Mon atriste. »

Mon père est dyslexique. Pour mieux l'enfoncer, « elle » le brimait à chaque erreur. Il a fini par se renfermer dans une élocution où le terrain peine à voir fleurir verbes et compléments. Année après année, il s'est ainsi créé un langage où cacher ses peurs.

Un jour, je lui ai demandé pourquoi il parlait « comme ça » dans une naïveté folle que seul mon âge pourrait excuser. Il s'était alors confié : « Les mots ont un sens. J'en garde l'essence. »

Vous avez quatre heures.

Face à mes maux d'enfant et d'adolescent, j'avais si souvent mal pris les siens. Mais en grandissant, j'ai appris à voir entre les lignes de ce lexique nouveau, traduisant de ses mots perdus toute la tendresse qu'il ne savait dire.

Chaque mercredi, je redoute autant que je l'attends ma séance de psychothérapie. À cela près que ma psychologue a décidé de s'installer à Montpellier, et que la séance d'aujourd'hui est notre dernière.

J'aime ma psy. Elle est de ces êtres de qui je peux tout entendre, mais qui ne disent jamais ce que je veux entendre. On s'est rencontrés il y a cinq ans sur Doctolib. J'avais classé les praticiens par tarifs et par situations géographiques. Quitte à prendre cher avec le mal, autant qu'il fasse le déplacement.

Avec Marie-Christine (c'est comme ça que je l'appelle), je vis la plus longue de mes relations féminines. De ces cinq années de fidélité, j'aime à penser que notre relation dépasse le strict cadre médical ; qu'un jour on ira boire des verres, parlant de tout et de rien, après avoir parlé pendant des années de tout, sauf de rien.

Lors des séances compliquées, il m'arrive même de lui en vouloir de me faire payer.

Après tout, c'est elle qui devrait payer pour assister au spectacle de mon enfance. Je paie déjà assez de ma personne.

Au début de ma thérapie, mes simples interrogations consistaient à être sûr d'avoir choisi la bonne couleur de mon nouveau sweat. Mon introspection tendait vers le textile, avant que j'en reprenne le fil. Au fur et à mesure de nos séances, j'ai appris à me déshabiller pour mieux me regarder tel que j'étais.

Je sonne à l'interphone de son cabinet. Sa voix rauque jaillit d'un micro qui nous ferait presque aimer le play-back. Quand j'arrive sur son palier, la porte est toujours entrouverte. J'entre pendant qu'elle s'assoit, avant qu'elle ne me remarque enfin. Elle aussi sait jouer l'« attente surprise ». Et chaque mercredi, le générique est le même. Une fois installés, elle commence par des petites phrases d'introduction, d'un contenu moins intéressant que la pluie et le beau temps. J'enchaîne sans jamais vraiment rebondir, comme un vieux couple n'osant pas s'avouer que la vie a un arrière-goût de déjà-vu. Il y a dans mes réponses qui n'en sont pas une lâcheté enfantine. J'attends secrètement qu'elle me demande enfin comment je vais. Cela me donne toujours l'impression que son intérêt est sincère, dénué d'une obligation professionnelle.

— Alors Baptiste, comment ça va aujourd'hui pour cette dernière séance ?

— Plutôt bien.

— Plutôt ?

Marie-Christine a la faculté de s'engoncer dans le moindre mot, me laissant dérouler une pensée jusqu'à ce que je trouve un terrain sur lequel mes névroses pourraient twerker.

— Oui, j'ai rencontré quelqu'un.

— Supeeeeer.

Elle étire les voyelles pour souligner le sens des superlatifs dont elle use et abuse, comme un enfant qu'on féliciterait d'avoir touché le bonheur du bout des doigts.

— Et un nouveau travail.

— Géniaaaal.

Après cinq ans, c'est chiaaaant.

— Mais jamais deux sans trois : les angoisses reviennent. Je ne sais pas pourquoi, dès que quelqu'un me plaît et que je me retrouve face à lui, je perds mes moyens…

— Comment s'appelle l'heureux élu ?

— Il s'appelle Marvin. Croyez-moi, mon cœur l'a élu à la majorité absolue.

Elle laisse échapper un faible rire. J'ai l'impression de donner le change sur mon état, mais elle doit savoir que les clowns sont toujours les plus tristes.

— Qu'est-ce qui vous bloque dans l'intimité ?

— Mais je ne sais pas justement ! Je compte sur vous, là...

J'adore la mettre au défi. Comme si elle était la seule à contenir la clé de mon bonheur futur. Je sais pourtant que tout est en moi, c'est juste dur à sortir.

— À quoi le petit Baptiste pourrait être ramené quand il est aussi proche de quelqu'un qu'il aime ?

Quand elle me pose ce genre de question, je devine à sa formulation qu'elle détient une réponse. Mais elle attend toujours patiemment que ce soit moi qui la donne. Je déteste ces interrogations, car elles convergent en général vers le même sujet : « elle ».

— Je crois que c'est lié à « elle », je lui concède sur un ton fataliste, ne sachant encore à quel pan de mon enfance me rattacher.

— Celle que vous refusez toujours de nommer.

— Chacun son Voldemort.

— On se fait une séance d'EMDR pour traiter ça ?

— Pour changer.

Elle prend une chaise en bois et s'installe près de moi. Avec mes yeux, je dois suivre le mouvement de son index qui s'agite de gauche à droite. On part d'une situation à traiter, et tout en essayant de m'y immerger, je déroule à haute voix toutes les pensées et peurs qui me passent par la tête.

Cette gymnastique oculaire est censée recréer du lien dans des souvenirs traumatiques, que le cerveau coupe ou biaise pour, dit-elle, « survivre ». C'est comme ça que, quelques années auparavant, je me suis rendu compte de l'ampleur des violences subies durant mon enfance. Je ressors de ces séances vidé, achetant des clopes au tabac d'en face, qui après l'EMDR devraient d'ailleurs être remboursés avec la carte Vitale.

— Alors, vous êtes enfant, et « elle » se rapproche pour vous faire un câlin. Qu'est-ce qu'il se passe ?

C'est parti pour la gymnastique. À ce sport, je suis un athlète professionnel. Mais le haut niveau peut faire très mal.

— Je suis dégoûté, j'ai envie qu'elle me lâche, qu'elle arrête de me toucher…

Elle a senti quelque chose. Comme une douleur fantôme entre les mots.

— C'est très bien, continuez. Allez-y.

J'aimerais surtout aller où je me sens bien, mais ces derniers temps, à part sur scène, je ne me sens bien nulle part. Ne sachant dans quelle direction me diriger, je tire le fil de ma pensée :

— Et j'aimerais arrêter d'être lié à « elle ». Ne plus jamais être son fils.

— Recentrez-vous sur la situation.

— Je sens tout mon corps qui se bloque, et qui se déteste d'être collé à elle.

— Quel souvenir pourrait vous coller à elle ?

— Eh bien, je....

Pleure. Foudroyé et tétanisé à la fois par l'image qui me vient à l'esprit. Un rideau d'eau s'est posé devant mes yeux. Alors que ma vision devient floue, le souvenir devient de plus en plus net. Envie de gerber.

— Je...

Silence.

— Je... me souviens d'un truc que je n'ai jamais dit. Je n'avais jamais fait le lien. Quand j'allais me coucher, on s'amusait parfois à imiter des câlins qu'on inventait. L'un d'entre eux était le « câlin-tartine ». Je posais mon ventre contre le sien, et me frottais tout entier contre elle, en missionnaire. C'était un jeu qu'on aimait bien. Et je sentais que j'aimais bien aussi. On ne l'a pas fait souvent, mais je me rappelle avoir ressenti du… désir pour elle. Je me dégoûte, je suis dégueulasse, en plus je pleure, c'est nul.

— Pourquoi est-ce nul ?

— Non, mais je ne sais pas, je… Pardon.

Elle arrête d'agiter son doigt.

— Vous vous rendez compte de ce que vous venez de me dire ?

Je me sens coupable, même pas victime.

— En même temps, j'aimais bien. Et puis c'était moi qui voulais jouer…

— C'était « elle » l'adulte. Mais rassurez-vous, beaucoup de victimes d'abus se sentent d'abord coupables. On va prendre le temps.

Et on a pris le temps. Quelques secondes pendant lesquelles je me suis senti si vide et si sale à la fois.

— Vous culpabilisez à l'idée d'exprimer quelque chose de négatif sur « elle ». Inconsciemment, comme dans beaucoup de relations toxiques, vous avez grandi avec le devoir de toujours la valoriser, la placer au-dessus de tout, la défendre envers et contre tout. Quand vous la défendez, c'est l'enfant qui parle et qui a peur. Mais ces violences sont finies, et vous êtes adulte maintenant. Ces cinq années à vos côtés m'auront permis de savoir que vous êtes sur le bon chemin.

La séance se termine dans le silence de l'adieu. Devant la porte, elle m'adresse d'une voix délicate :

— C'est très courageux et important d'avoir sorti tout ça... Bravo Baptiste. Je suis sûre que le théâtre vous permettra d'exprimer toutes les émotions que vous avez enfouies pendant des années. Et peut-être un jour, vous prendrez la plume pour écrire votre histoire, qui sait ? Croyez-moi, ce sont de très bonnes thérapies. Tout aussi importantes que la nôtre... Et puis, si vous avez besoin, vous saurez où me trouver.

— Attention je vais finir par prendre l'abonnement TGV Max.

Ses yeux embués trahissent son affection à mon égard. Je ne savais pas que ma psy possédait des glandes lacrymales.

— À bientôt Baptiste.

— Merci Marie-Christine. Pour bien plus qu'un tout.

— C'est joli ça, vous le mettrez dans votre livre ?

*

Sur le trottoir, je me sens incapable d'avancer. Mes jambes pèsent trois fois leur poids. Tout est plus lourd désormais. Même mes larmes ont du mal à monter jusqu'aux yeux. Comme un réflexe, je fonce au tabac d'en face acheter deux paquets de clopes. N'importe quelle marque, je m'en fous, du moment qu'elles continuent de détruire ce qu'« elle » a déjà commencé. Mon corps n'est pas tout à fait le mien puisqu'il était à « elle ». Dans un vertige, je me dirige vers ma poubelle préférée du quartier pour y déverser tout mon dégoût d'avoir été enfant. D'avoir été son enfant. Les flash-backs de nos deux corps me reviennent en boucle, comme un mauvais scénario. M'imaginer me frotter contre elle me donne une nausée continuelle. La culpabilité me ronge d'avoir eu du désir pour son corps. Victime de moi-même. Condamné au souvenir. N'y a-t-il rien de pire pour un vivant que d'en vouloir aux fantômes ?

Nouveau vomi. Devant mon immeuble, je jette mon mégot par terre, jugeant que le monde est déjà assez dégueulasse comme ça.

6

Je prends une douche. Longtemps. Très longtemps. Jusqu'à ce que le ballon d'eau chaude peine à remplir sa fonction. J'enfile mon costume de la veille. Je n'ai pas eu le temps de le laver. De nous deux, je ne sais pas qui est le plus sale.

À mon arrivée au théâtre, tout le monde est déjà dans les vestiaires. Je salue l'équipe, puis me penche discrètement vers Marvin. J'ai besoin qu'il me prête son second costume, alors j'invente que mon pressing était fermé. Il me répond à haute voix, laissant le soin aux filles de participer à notre conversation :

— Pas de souci. Mais du coup, tu te promènes en costume dans la rue tous les jours ?

Chloé rigole. Sauf Sophie, évidemment.

— Non. C'est juste que je ne savais pas si tu…

— T'inquiète, tu t'habilles comme tu veux. Tu n'es pas obligé d'avoir de bons goûts après tout...

— Moi je trouve que ça te va très bien, le costume, mais si je peux me permettre, tu as un petit bout de scotch qui dépasse au niveau des pieds..., enchaîne Chloé.

Démasqué. Je prends timidement celui de Marvin et me change devant l'assemblée. Plus rien à faire. Dans les escaliers, Marvin se rapproche :

— Mec, je rigolais tout à l'heure pour le costume...

— Je sais, je sais.

Il voit mon petit jeu d'acteur.

— Tu as bien fait de t'inscrire aux Cours Florent.

— Tu es sérieux ?

— Mais comment tu peux faire autant de vannes et être aussi susceptible Baptiste ?

Il a raison. J'ai le penchant susceptible de l'injustice.

Contrairement à la veille, Colette affiche un énorme sourire lorsque nous arrivons à sa rencontre au vestiaire du rez-de-chaussée. Ses yeux sont grands ouverts, pétillants comme la bouteille de champagne qu'elle tient dans les mains.

— J'étais chez mon toubib ce matin… C'est fini. La chimio a marché !

Marvin et Chloé se précipitent dans ses bras pour mieux faire exploser leur joie. Colette, entre deux sanglots, poursuit :

— Mes chéris. Je suis si heureuse.

Les accolades terminées, Sophie s'approche pour lui adresser une caresse sur le bras, gardant toute la rigidité dans laquelle elle semble avoir été moulée.

— Bravo Colette, très heureuse de te retrouver parmi nous.

Autant le dire tout de suite : son côté protocolaire m'emmerde. On dirait que réagir à la chimio réussie de Colette n'est qu'une case pour elle, apprise par cœur dans son livre des bonnes manières. Je n'ai jamais aimé les bons élèves. Ni les petits chefs comme Sophie et « elle ».

— Putain, faut fêter ça, lance Marvin.

— Après le placement, rendez-vous au bar en face ! surenchérit Chloé.

Sophie casse cet élan joyeux :

— Alors ce soir, Chloé sera à la Corbeille, Colette restera au vestiaire…

— Non mais attends, c'est dégueulasse, elle vient de nous dire qu'elle est guérie et tu la laisses sur le banc de touche.

Chloé s'énerve en ponctuant ses phrases de grands gestes, avec un léger accent marseillais. Sophie lui répond d'une froideur à embaumer un corps :

— Si tu n'es pas contente, Chloé, la porte est grande ouverte.

— Pas sûr qu'avec deux personnes qui la prennent tu t'en sortes ce soir, répond Marvin.

La tension monte, et j'assiste avec une certaine excitation au procès qui se tient devant moi. J'ai le même intérêt malsain lorsque j'entends une embrouille dans la rue. Je m'approche, mais pas de trop près, attendant secrètement que quelqu'un s'interpose. J'ai le penchant suisse du courage. Ce soir, je sens que l'avènement de Colette au rang des vivants me permet de relativiser sur ma situation.

— Non mais arrêtez, tout va bien. Je resterai au vestiaire si tu veux Sophie, essaie de désamorcer Colette.

À voir son visage, elle craint que sa bouteille se transforme en pot de départ. Sophie, galvanisée par cette soumission forcée, enchaîne :

— Très bien. Donc je répète : Colette sera au vestiaire comme d'habitude puisqu'elle est d'accord. Chloé et Marvin seront en Corbeille. Un peu de hauteur, ça fait réfléchir.

En plus, elle les nargue, conjuguant à merveille le passif et l'agressif. J'apprends en la regardant de plus près que la méchanceté donne de vilaines rides. Elle semble travailler au théâtre depuis 1789. La révolution attendra, elle enchaîne :

— Baptiste et moi, on sera à l'Orchestre. Comme ça, s'il y a un problème je suis là. Allez, on ouvre bientôt les portes.

Alors que tout le monde se met en place, je me rapproche de Colette pour lui adresser :

— Bravo Colette, très heureux pour vous. À tout à l'heure.

Sophie m'attend devant les portes de l'Orchestre, avec un regard qui interroge ce que j'ai bien pu dire à Colette. Les manipulateurs ont la jalousie du bonheur des autres. Je fais semblant de ne rien voir et lui lâche un grand sourire.

Kill them with Kindness.

— Donc, tu t'occuperas du même secteur qu'on avait hier ensemble. Les places paires. D'accord ?

J'entends des éclats de rire entre Marvin et Chloé à l'étage. J'ai hâte de pouvoir être moi aussi à la Corbeille, sans Sophie derrière mon dos.

Tant bien que mal, j'essaie de participer au ballet des ouvreurs, mais je suis complètement ailleurs. Les *flash-backs* me reviennent en boucle, je me revois avec une érection en train de me frotter à « elle ». Je me sens emprisonné à l'intérieur de moi-même. Même un aveugle pourrait voir ma tristesse.

Quand je croise le regard de Sophie, entre deux allers-retours, la réalité me gifle au visage, à défaut que ce soit « elle ».

Je hausse alors la voix pour que Sophie comprenne que je suis bien vivant. Je sais jouer au bon élève, j'ai appris des meilleures.

— Bonjour mesdames. Alors vous êtes en... F2 et F4, c'est parfait, suivez-moi.

Et le ballet danse. Régulièrement dans la salle, je lève la tête pour regarder le théâtre se remplir. La rumeur grossit. L'excitation du public est palpable. Dans la coursive, la porte qui mène aux coulisses s'ouvre, laissant apparaître l'homme qui m'avait surpris sur scène et qui fonce dans ma direction :

— Bonsoir. Tu sais où est Sophie s'il te plaît ?

— Euh... oui. Elle est du côté des chiffres impairs.

Il presse le pas, je sens l'urgence.

Dans le vestiaire du public, véritable musée du paraître où Colette est désormais assignée à résidence, Sophie prend la parole :

— On a un problème. Un des comédiens n'est toujours pas arrivé, on va devoir faire une annonce. Baptiste, tu t'en charges.

Je ne sais pas pourquoi elle m'a choisi. Enfin si, mais je préfère prendre cette marque de confiance comme un signe de bienvenue, plutôt que le fruit d'un calcul vicieux. Trouver une excuse pour justifier un retard. Ça je sais faire. Mme de Kisch m'avait attribué au lycée la médaille du menteur national. Il fallait bien trouver un autre endroit que chez mon grand-père pour y raconter mes histoires.

— Tu expliques qu'il y a un problème technique, qui nous oblige à faire patienter le public pour présenter le spectacle dans les meilleures conditions.

Colette garde le vestiaire, tandis que Marvin, Sophie et Chloé m'accompagnent à la porte de l'Orchestre, le théâtre est bondé.

— Putain, il y a du monde pour un mercredi. Tu sais combien de personnes assistent à la représentation Sophie ? lance Marvin.

— Quatre cent soixante-dix à peu près. Un comité d'entreprise a fait grimper les résas ce soir, répond Sophie.

Elle se tourne vers moi :

— Bon. Tu vois le petit escalier à droite de la scène ?

— Euh... oui.

— Alors tu le prends, tu montes sur scène, et tu te mets bien au milieu pour faire l'annonce, d'accord ?

Mon cœur bat au rythme d'une techno berlinoise. En voyant le public si nombreux, je me sens dépossédé de tous mes moyens. Alors j'acquiesce. Ma bouche est sèche, mes mains si moites. Toutes sortes de pensées se bousculent pour atteindre ma conscience, sans aucune hiérarchie. La pensée est anarchiste. Qu'est-ce que je fais là ? Qu'est-ce que je vais bien pouvoir dire ? Quelle va être la réaction des spectateurs ? Est-ce que j'ai changé de caleçon après ma douche ?

Sur les quelques pas qui m'amènent au centre de la scène, j'entends des bruits derrière le rideau. Peut-être même que Marcel André est à quelques centimètres de moi. Je panique encore plus.

Je me retrouve seul face à quatre cent soixante-dix personnes, qui cessent de parler pour me laisser le faire à leur place. Le silence ne fait pourtant pas taire le bruit du malaise qui s'empare de la salle. Certains spectateurs le comblent d'un léger rire, pensant que mon numéro d'ouvreur n'est autre que le fruit d'une mise en scène savamment orchestrée. Sophie et Marvin me font des grands gestes depuis le fond de la salle. Mais aucun son ne sort. Je suis tétanisé. Mes jambes flagellent, permettant aux gouttes de sueur sur mon front de mieux glisser en rappel.

Alors, comme pour sauver les meubles d'un grenier déjà vide, je me mets à faire semblant de compter les spectateurs. Je ne sais pas d'où est sortie cette improvisation, mais visiblement pas d'une bonne idée. Marvin, au bout de l'allée centrale, est pris d'un fou rire nerveux, qui se partagerait entre la gêne et la compassion. Ces deux sentiments lui donnent raison : je suis peut-être la version théâtrale d'un chanteur de salle de bains.

Derrière le rideau, une voix féminine et énervée demande à ce qui semble être son équipe ce qu'il se passe avant de lâcher un « bordel » réprobateur. Mon improvisation se noie dans la honte, les nausées reviennent de plus belle. Si je ne veux pas rendre sur le public autre chose que la monnaie de sa pièce, il faut que je quitte la scène au plus vite. Je me mets à courir machinalement vers le petit escalier, et me précipite vers les toilettes du hall. Après y avoir exorcisé toute mon angoisse, je m'assois silencieusement sur la cuvette. J'essaie de retarder au maximum ma sortie. Sophie doit m'attendre, avec Marvin et le chômage.

*

Devant les portes de l'Orchestre, Sophie commence le procès de mes angoisses.

— Tu m'expliques ce qui s'est passé ?

— J'ai paniqué… Je suis désolé, j'ai eu un coup de chaud.

— Un coup de chaud ?

Marvin arrive à notre hauteur, sa fierté apparente laisse place à de l'inquiétude.

— Il s'est passé quoi Baptiste ?

— Je ne sais pas, j'ai paniqué.

— Ça arrive.

— Pas trop souvent j'espère, rétorque Sophie avant de tourner les talons.

Marvin attend quelques secondes avant de sortir, énervé :

— Parfois je te jure, j'ai envie de lui faire une prise de judo.

— Tu fais du judo toi ?

— Bien sûr. On avait fait un stage en CM2.

On rigole, j'en oublierais presque ma mésaventure. Si on ne voit bien qu'avec le cœur, il nous fait aussi oublier ce qu'il vaut mieux ne pas regarder.

— Tu as vu l'heure ? C'est la merde, me lance Marvin.

— Vous attendez combien de temps avant d'annuler un spectacle ?

À peine a-t-il eu le temps de prendre sa respiration pour formuler une réponse que les portes d'entrée du théâtre s'ouvrent avec fracas. Un homme d'une soixantaine d'années, les cheveux grisonnants, pénètre dans le hall. Il titube.

Je regarde Marvin avec des yeux d'enfant, qui, comme moi, reconnaissent Raymond Quenaud. Illustre comédien, il partage la tête d'affiche chaque soir avec Marcel André. Sophie se précipite vers lui :

— Raymond, qu'est-ce qui vous est arrivé ? On s'est tous inquiétés.

Marvin murmure :

— Suceuse.

— Diplomate.

— C'est pareil, me répond-il, prouvant là encore sa repartie sans égale.

Raymond ne prononce pas un mot. Il peine à monter les quelques marches du hall qui mènent à la coursive longeant l'Orchestre. Il est aussi voûté que la cave qu'il a dû vider, à en croire les effluves qui parviennent jusqu'à nous.

— Putain, il est complètement bourré, assène Marvin dans sa barbe.

Accroché au bras de Sophie, Raymond passe devant nous silencieusement et se dirige vers la porte des coulisses. Un mythe s'écroule sous nos yeux.

Sophie revient vers nous :

— Ce qui vient de se passer reste entre nous s'il vous plaît. Le public ne doit jamais voir l'envers du décor. C'est la magie du théâtre et le peu qu'il lui reste.

Pour la première fois, je suis d'accord avec l'entièreté d'une phrase de Sophie. Marvin et moi acquiesçons.

— Mais du coup ils vont jouer ce soir ? demande Chloé.

— Oui, comme tous les soirs. Vous n'étiez pas censés assister à ça…

Prononcée par Sophie, dont la confiance semble être le coffre-fort le mieux gardé du pays, cette confidence me touche. Les secrets sont une monnaie de confiance.

Bizarrement, je me sens chanceux d'avoir assisté à ce triste spectacle. De ceux qui, dans l'ombre, font aussi partie du théâtre.

Les trois coups retentissent. Le silence s'empare de la salle, qui ignore tout de l'agitation précédente.

Sophie et Colette discutent à voix basse dans le vestiaire du public. Profitant de cette diversion, Marvin nous fait signe de le suivre, comme un enfant qui s'apprête à commettre une bêtise. On arrive au dernier étage, avant d'ouvrir les portes du Paradis. Le plus discrètement possible, on s'installe sur trois sièges libres.

Le rideau se lève. Le plateau est entièrement recouvert d'un revêtement en béton ciré, tout comme les murs. Une verrière en fond de scène laisse à penser que nous sommes dans un atelier d'artiste. La lumière vient déposer l'ombre de la verrière sur le sol. On croirait au matin.

À gauche de l'atelier est installée une grande table orange rétro. À droite, sur un canapé bleu ciel, est allongé Marcel André, en pyjama, pantoufles aux pieds. J'ai du mal à croire qu'il s'agit bien de lui ; qu'il s'est véritablement déplacé pour nous ce soir.

La salle retient son souffle, prête à réagir. Sans un geste et pour la première fois, je vois un acteur habiter le silence par sa simple présence.

Il suffit de regarder un monument pour se sentir minuscule. Soudain, je pense à mon grand-père et un frisson me parcourt. Depuis sa mort, je ne me suis jamais senti aussi proche de lui qu'ici dans un théâtre, devant son acteur fétiche. Les larmes montent, surprises par Marvin qui m'enlace. Je sens son buste tout contre moi. Certaines tristesses sont désirables.

Après quelques minutes, une silhouette s'avance depuis le fond de la scène, silencieuse et lente. Elle s'immobilise devant la verrière, regardant le canapé. Doucement, elle rejoint ce dernier et révèle son visage à la lumière. C'est Raymond Quenaud.

Comment va-t-il jouer deux heures trente, alors qu'il ne tenait pas debout quelques minutes plus tôt ? Il prend une grande respiration, et délivre la première réplique du spectacle : « Qu'est-ce donc ? Qu'avez-vous ? »

Avec la force du sentiment, dans une articulation impeccable, j'ai du mal à croire que c'est la même personne que nous venons de croiser.

Silence.

Sans lui adresser le moindre regard, en contemplant le plafond, Marcel André réplique : « Laissez-moi je vous prie et courez vous cacher ».

Le moment est magique, j'ai l'impression de planer dans un songe. Le réveil prend la voix de Sophie, qui n'a pas l'air surprise de nous trouver ici :

— C'est l'heure des comptes, rendez-vous au vestiaire.

Une fois dans le couloir, Marvin nous chuchote :

— Je n'arrive pas à croire qu'il est bourré.

Chloé enchaîne :

— Moi non plus. Mais ma prof de chant nous avait expliqué que, si nous étions malades, la douleur disparaissait sur scène.

Aujourd'hui plus qu'un autre, j'ai envie de croire à cette théorie. On rejoint Sophie et Colette dans nos vestiaires.

— Alors ? interroge Colette, inquiète.

Je tente de la rassurer :

— Ça a l'air de bien se passer pour l'instant.

— On verra bien.

Sophie coupe court à notre échange et compte les pourboires. Au moment de sortir les miens, tous les regards s'arrêtent sur le billet de cinquante qu'un couple m'a donné. Je l'avais machinalement glissé dans ma poche, sans me rendre compte de mon geste ni du montant. Marvin me fait des gros yeux, mais je ne comprends toujours pas le sens de son regard.

J'arrive en tête des pourboires du jour, non sans soulagement ni fierté d'y voir là un argument pour me sentir officiellement membre de l'équipe du théâtre.

Sophie annonce le butin :

— Ça fait cinquante euros par personne. Bravo à tous, c'est super pour un mercredi, et avec un ouvreur en plus.

— Bravo surtout à Baptiste, poursuit Chloé amicalement.

— Bon, on la boit cette bouteille ? enchaîne Colette.

— Sans moi, je dois rentrer, répond Sophie.

Les absents comme « elle » ont toujours tort.

*

Nous sommes de fermeture ce soir avec Chloé. En attendant, le gérant du bar d'en face a accepté que nous ouvrions la bouteille de champagne chez lui, à condition de fêter avec nous la résurrection de Colette. La rue de la Gaîté arbore fièrement son nom ce soir. En direction du théâtre, Chloé me donne quelques indications :

— Vu qu'on est en sous-effectif en ce moment, un de nous deux se mettra au vestiaire et l'autre ira ouvrir toutes les portes au moment des applaudissements.

— Mais pourquoi Colette ne vient pas avec nous pour s'occuper du vestiaire ?

— Parce que le théâtre est en faillite et qu'il ne peut pas payer plus que deux personnes le soir.

— En faillite ?

— Tu sais ce que c'est un millionnaire ?

— Non ?

— Un milliardaire qui a acheté un théâtre.

Ma repartie s'étant noyée dans nos verres au bar, je ne sais quoi répondre tandis que nous arrivons dans le hall endormi du théâtre. La représentation touche à sa fin.

— Si ça te va, je m'occupe des vestiaires et de l'association invariable des tickets perdus, et tu t'occupes d'ouvrir les portes ? propose Chloé.

— Parfait.

— Commence par les portes de l'Orchestre en bas comme ça je peux gérer s'il y a un problème dans le hall. Ah, et Baptiste… ?

— Oui ?

— Je n'ose pas te le dire depuis tout à l'heure, mais tu as des bouts de persil partout sur les dents.

— Putain, c'est les olives.

Elle ne me donne d'autre solution que de rejoindre le miroir des toilettes. Face à mon reflet, je vois toutes les émotions du jour venues marquer mon visage. Deux hélicoptères pourraient aisément se poser sur mes cernes violets et taciturnes. Je comprends peut-être mieux pourquoi les spectateurs m'ont donné autant de pourboires. En voyant ma tête, j'aurais moi même eu pitié. Les applaudissements commencent sans que j'aie le temps de me détester davantage. Je me passe de l'eau sur le visage et me gratte les dents pour retrouver le peu d'éclat qu'il me reste.

J'ouvre les portes à chaque étage, desquelles s'échappe le charivari d'applaudissements enthousiastes. Les premiers « bravos » et sifflets heureux retentissent. Au dernier étage, je m'arrête quelques instants pour contempler les saluts. Ils m'ont toujours fasciné. Voir un acteur saluer, c'est le voir jouer une nouvelle pièce.

Plusieurs écoles sont ainsi à noter :

– Les faux modestes, qui feignent d'être surpris de voir le public applaudir.

– Les présomptueux, qui accueillent les applaudissements les bras grands ouverts.

– Les sensibles, qui viennent saluer les larmes aux yeux, comme si les personnages et leurs costumes étaient encore trop lourds à porter.

– Les passifs, qui ont l'air de recevoir ces applaudissements comme de vulgaire conventions.

Marcel André et Raymond Quenaud ont trouvé le parfait équilibre, si tant est que le dernier puisse le tenir vu son état avant de monter sur scène. Voilà une autre définition que d'avoir de la bouteille.

*

J'ai suivi Chloé jusqu'à la porte des coulisses.

— C'est autorisé ?

— L'avantage de faire la fermeture, me répond-elle avec un sourire complice.

Je débourre d'un coup à l'idée de pénétrer les coulisses. Je tente de l'observer discrètement pendant qu'elle tape le code, mais j'ai la discrétion ostentatoire. Elle me surprend :

— Le code c'est 1839.

— La date de naissance de Sophie ?

Elle explose de rire, bingo.

— Mais on va faire quoi là ?

— Tu vas voir, me répond-elle, l'air mystérieuse.

Dans les coulisses, elle s'empare d'une grande tige posée sur un pied, avec à l'extrémité une simple ampoule. C'est cette même installation qui était disposée au centre de la scène lorsque j'avais fait mon détour illégal après l'entretien d'embauche.

Chloé pose la lampe au milieu de la scène.

— Reste ici, je vais la brancher. Dis-moi quand ça s'éclaire s'il te plaît, je me goure toujours de prise.

Seul sur scène, face à l'immensité d'une salle plongée dans l'obscurité, je ressens la même sensation que la première fois. J'ai l'impression que mon ventre peut respirer encore plus d'air.

L'ampoule s'allume, éclairant la salle d'une douce lumière.

— C'est bon !

Chloé me rejoint. On contemple la salle surveillée par sa nouvelle veilleuse.

— À quoi sert cette lampe?

— C'est une « servante ». On dit que c'est l'âme d'un théâtre, qu'il faut la laisser allumée pour chasser les fantômes la nuit.

— On est dans *Twilight*, quoi…

— Moi j'adore cette tradition. Normalement, c'est le régisseur qui s'en occupe, mais je lui demande toujours si je peux le faire à sa place.

— Attends, le régisseur, ce n'est pas un petit mec qui fait ultra peur avec une voix encore plus grave que celle de Jeanne Moreau ?

— Si ! Il s'appelle Thierry, mais tout le monde l'appelle Titi. Il est rustre et ne prend pas de pincettes, mais en réalité c'est un nounours.

— Mais qu'est-ce qu'ils ont tous ici à être rustres ?

— Goldoni, peut-être…

Je n'ai pas saisi la référence théâtrale de Chloé, qui enchaîne :

— *Les Rustres* ! Une pièce de Goldoni. On va boire un dernier verre ?

— Allez, mais il ne faut pas que je tarde, j'ai cours demain matin.

7

La vibration de mon portable me réveille. Nu comme un ver, dans un lit qui n'est pas le mien, j'essaie d'ouvrir mes yeux encore imbibés d'alcool. Mes larmes pourraient servir de désinfectant. Ma poitrine se compresse d'une angoisse qui remonte jusque dans ma gorge. Mes pensées se dilatent et tout est cotonneux là-haut. À ce stade, je crois même que c'est du cachemire. Commence alors le même rituel pour ceux qui, comme moi, ont connu des années d'études avec le penchant spiritueux du studieux : j'essaie tant bien que mal de me rappeler où je suis et de reconstituer le film de ma soirée, en l'espérant éloigné du drame.

Ce qui m'a frappé en ouvrant les yeux, après la barre de fer qui s'est abattue sur mon crâne, c'est la hauteur sous plafond impressionnante de cette chambre inconnue de mon conscient. Elle doit facilement faire quatre mètres. Mon père y aurait déjà construit un triplex. Des moulures ornent le plafond. Sur le mur à gauche du lit, une porte. À sa droite est accroché un triptyque de photos peintes. J'ai l'impression d'être dans un appartement d'exposition tant tout semble vierge de vie quotidienne. Au bout du lit, deux fauteuils *design* sur lesquels sont posées une guitare et ma veste. Cet appartement est une feuille blanche du souvenir.

Toujours pareil. Le lendemain est encore plus douloureux que la veille. Demander à ses amis ce qui s'est passé. Découvrir un autre que moi. La culpabilité. La honte. La colère. L'envie de gerber.

Tout à coup, j'entends des pas qui s'approchent de la porte. Sans bouger, j'essaie de respirer le moins fort possible pour retarder le pire. On toque à la porte. Je ne sais pas quoi faire. Mon courage se résume à un timide :

— Oui ?

Une voix, douce et féminine, se fait entendre.

— *Hello mister, do you wanna eat ?*

— Je... quoi?

Note à moi-même : ne plus baser l'entièreté d'une scolarité à faire ses devoirs d'anglais sur Google Traduction.

Je m'habille en vitesse et ouvre la porte. Une femme vêtue d'un tablier me fait face. Elle a la peau mate, les cheveux soigneusement attachés, et j'ai l'impression d'être dans *Very Bad Trip*. Je tente d'interroger le seul témoin à ma disposition, tout en essayant de me dépêcher. Je dois être aux Cours Florent à neuf heures pétantes :

— *I'm saurry, but do you know wère I am ?*

Elle fronce les sourcils, ne semblant comprendre ni mon accent ni ma question. Le salon qui se dévoile derrière elle doit faire la taille de mon immeuble. Un immense canapé est disposé en son centre, avec une table basse en verre. Un énorme tapis recouvre la moitié de la pièce. Apeuré, je fais deux pas en arrière devant la femme médusée, prends mon téléphone qui s'est éteint entre-temps, refais le lit à la hâte, mets mes chaussures en vitesse, récupère ma veste posée sur le fauteuil, et demande la sortie.

La femme m'accompagne jusqu'à un ascenseur donnant directement dans l'appartement. Tout s'emmêle. Vite, que je me libère et que mes souvenirs en fassent de même.

J'appuie machinalement sur le « zéro » et redescends l'échelle sociale en même temps que les étages. Dans le hall, j'essaie de marcher doucement, mais suffisamment vite pour que personne ne puisse me retrouver ni me questionner sur les raisons de ma présence.

Libéré. Délivré. Je marche sans savoir où je vais, avec l'impression d'être libre sans connaître la raison qui m'avait enfermé. Une fois mon portable rechargé, j'essaierai d'appeler Chloé pour savoir si elle sait ce qui s'est passé et lui raconter cet endroit invraisemblable que je viens de quitter.

En poursuivant ce cache-cache avec ma mémoire, je parviens au bout de la rue. Je lève les yeux. Rue Galilée. Dans le seizième, soit le plus à gauche des arrondissements de droite. Sans mon téléphone, difficile de me repérer et de rejoindre les Cours Florent. D'un coup, l'angoisse est trop forte. Je fais la connaissance d'une nouvelle poubelle. Je lui mettrai cinq étoiles sur Google Maps.

Je distingue une borne Vélib'. Considérant cette première solution comme la bonne, je m'inscris le plus vite possible malgré des procédures de paiement aussi compliquées que Parcoursup. Après quelques minutes qui me paraissent des heures, je récupère mon fameux sésame : un ticket Vélib' valable pour la journée. Je sélectionne le seul vélo en forme de la station. Huit heures trente-neuf. Vingt et une minutes pour rejoindre l'opposé de Paris, c'est injouable. Mais commence alors le genre de défi que tout cycliste doit connaître : vouloir rattraper le temps. Je me dirige le plus rapidement du monde (dans ma tête) vers l'est de Paris. Je sens que l'alcool bride mon corps et ma tête. Je suis à fond, mais je vois bien que l'assistance électrique de mon Vélib' peine à me faire avancer à grande vitesse. Le maillot à pois attendra. Je dévale les Champs-Élysées sur la piste cyclable avec en tête les Grands Boulevards. J'ignore si mon itinéraire est le plus court, mais dans la précipitation je n'ai pas le temps de réviser ma géographie parisienne. Et, en secret, j'aime beaucoup prendre les Grands Boulevards pour reluquer les devantures des théâtres qui s'y logent, antichambres de mes rêves.

Muni de mon bolide flambant tout sauf le neuf, je fais désormais fièrement partie de cette communauté régie par la mauvaise foi, capable de fustiger des piétons traversant dans leur bon droit, tout en grillant le feu et en prenant une rue à contresens. C'est grave docteur ? J'ai peur de rêver de Jeannie Longo nue cette nuit. Je pédale à perdre haleine, ce qui, au vu de mes relents, constituerait un minimum de propreté, pour arriver en cours et retrouver les visages familiers de la réalité.

*

Miracle. Huit heures cinquante-neuf. Me voyant essoufflé et perdu dans mes pensées, Marvin me regarde et rigole discrètement.

J'essaie de lui mimer avec des gestes et mes lèvres comme un tricheur au Time's Up une explication : « Je te raconte à la pause. Je ne sais pas ce qui m'est arrivé hier. »

Estelle entre, son café fumant à la main. Après avoir fait l'appel, elle peine à dissimuler un petit sourire en constatant que tout le monde est à l'heure.

— Super. Comme je vous l'ai dit la semaine dernière, on va commencer par les parcours libres. Qui veut commencer ?

Panique. J'ai complètement oublié les parcours libres. Je balaye la classe des yeux. Des instruments en pagaille, des chaussons de danse. Oublier de faire un devoir au troisième cours, pourquoi pas, mais pas lorsqu'on se sent alignés et motivés par nos études. Je m'en veux et cherche une solution de repli à la hâte. Germaine lève le doigt et s'avance sur scène avec une planche en bois. Elle allume son enceinte Bluetooth et délivre un numéro de claquettes impressionnant. Alors qu'elle rejoint sa chaise, Marvin lui chuchote haut et fort pour faire rire l'assemblée :

— Germaine ? Je crois que tu as du pain sur la planche.

— T'es con.

Germaine ne semble pas sensible à l'humour parfois puéril de Marvin. Tant mieux. Une de moins.

Heureusement, assez de camarades souhaitent passer sur le plateau pour que je ne sois pas obligé de le faire. J'assiste volontiers aux présentations.

C'est au tour de Maxime. Le Maxime, c'est affilier son espèce animale à la même que Jean-Paul Belmondo. Une sorte de gueule cassée posée sur une armoire à glace que son marcel peine à contenir. Sa voix est grave, assurée. Il est de ces « bêtes de concours » dont toute la classe s'accorde à dire qu'elles iront loin. Il a quelque chose en plus. Ces impalpables…

— Donc, je vous propose quelques secondes de cajun. C'est ce petit instrument qui ressemble à une caisse en bois, qu'on utilise comme percussion dans les rythmes afro-caribéens.

— Et tu as des origines afro-caribéennes ? questionne Estelle, conquise.

— Je ne suis pas sûr que Dunkerque soit dans les Caraïbes, ironise-t-il.

Après avoir frictionné ses mains pour les réchauffer, il commence à taper sur l'instrument. Délicat d'abord, il semble ensuite rejoindre une transe. Il est difficile de ne pas ressentir toute la puissance avec laquelle il frappe l'instrument. Les vibrations font trembler nos chaises, et bientôt tous nos corps.

Marvin installe quant à lui une petite lampe de chantier en bordure de scène qu'il allume, avant d'éteindre toutes les autres sources de lumières. Ce seul éclairage en contre-plongée souligne les traits de son visage et lui donne une dimension nouvelle, mélange de vulnérabilité et de force. Comme un mantra, il répète plusieurs fois et de plus en plus fort « Avant la nuit ». Sur le mur du fond est projetée son ombre, avec laquelle il joue en se rapprochant, puis en s'éloignant de la lampe. Son récit exprime ce qu'il aurait aimé dire à son père avant la nuit où il s'est tué dans un accident de voiture. La voix tremblante, il raconte ce soir-là. La dernière conversation, le non-dit qui plane encore comme un fantôme. Les souvenirs affluent, confus et précieux : le regard de son père, les fous rires, les instants suspendus, l'annonce, l'incompréhension d'un adolescent face à un monde qui lui échappait. Mais aussi les mots qu'on n'a pas dits ou qu'on n'a pas su dire.

À la fin de son témoignage, on entend même les larmes du silence.

Estelle, encore émue, se lève lentement.

— Parfois, il suffit d'une voix pour éclairer l'obscurité, et aujourd'hui, Marvin, tu as été cette voix.

Dans cette salle de classe, nos histoires semblent pouvoir se croiser, se mêler, et tout à coup, la douleur n'est plus qu'un souvenir, transformé en une force nouvelle.

Bientôt, nous n'aurons plus besoin de courir après la nuit.

8

Bien arrivé sous ma couette. Mon père n'est pas à la maison, et c'est suffisamment inhabituel pour être précisé. Je branche mon portable, il se rallume enfin. Sur l'écran défilent appels et messages manqués, avant que s'affiche le dernier en date, en provenance de mon père : « Hello mon cœur. Un petit moment avec un psychologue, ça soulage le dos... Je te fais de gros bisous. Je t'aime. »

En parcourant le reste de mes notifications, noyées dans des newsletters impersonnelles, le nom de Chloé apparaît : « Rappelle-moi quand tu te réveilles s'il te plaît et ne dis rien à Marvin... »

Trois petits points alignés constituent le théorème interne du chaos. Juste avant ce message, elle m'a envoyé une vidéo précédée d'un : « Cadeau. Merci pour hier et pour cette nuit. »

Et soudain tout s'aligne. J'ai couché avec Chloé. C'était son lit. J'ai honte.

À en croire ces signes, c'est bien la première fois qu'une fille avec laquelle je couche me remercie. Saisissant le peu de courage qu'il me reste, je lance la vidéo envoyée. Je me vois les yeux vitreux en train de danser dans la rue. Dans un dialecte de rade, où les consonnes semblent être une espèce en voie de disparition, je hurle :

— Chloé, tu sais comment ça s'appelle ce que je fais là ?

— Non...

— Un « pas de bourré ». « Pas de bourré ». « Pas de bourré ».

Derrière la caméra, j'entends le rire de Chloé. Rassuré par le peu d'humour qu'il me restait hier soir, je l'appelle.

Quand on passe un coup de téléphone, les bips qui s'enchaînent constituent le meilleur moyen de savoir si on tient vraiment à parler à son interlocuteur. Parfois, quand je tombe sur la messagerie vocale, je me sens soulagé. Soulagé à l'idée de ne pas avoir à culpabiliser de ne pas répondre au prochain appel. Dans le cas inverse, j'en veux à l'autre de ne pas décrocher alors que je souhaiterais lui parler. D'avoir une vie, tout simplement. D'avoir quelque chose de mieux à faire que de me répondre. Quand je désire quelque chose qui me résiste, j'ai l'égoïsme facile.

Une messagerie automatique me rappelle le numéro de ma correspondante – comme si je le connaissais par cœur. Je ne me risque pas à un message vocal et raccroche. J'envoie à Chloé un texto : « On se rappelle quand tu veux. Que je puisse anticiper mon inscription à *Danse avec les stars* même si Marvin m'aura tué d'ici là. » Je rebranche mon portable et m'immerge sous la couette. Peu à peu, le sommeil m'emporte et je ne lui refuse rien.

9

La porte claque.

— Coucou mon fils. Si tu as faim j'ai fait les courses.

— Merci papa.

Je le rejoins dans la cuisine quand un miracle se produit : mon père vide pour la première fois depuis des siècles le bac de la machine à café. Ce qui serait une simple normalité est en réalité le signe de beaucoup de choses. L'avenir se lit parfois dans le café.

— Comment ça se passe ton nouveau travail ?

— Ça va…

— Tu veux qu'on en parle ?

— Maintenant que ma psy est partie, tu prends la carte Vitale papa ?

On rit tous les deux. Ça fait du bien. Ça fait longtemps.

— Bonne nouvelle mon fils. Je viens d'être payé. On va aller t'acheter un costume.

— Payé par quoi ?

— T'inquiète.

Héritage familial, quand mon père ou moi disons « T'inquiète », c'est qu'il faut s'inquiéter. Je n'en ai pas l'énergie, mais lui lance néanmoins :

— Ce n'est pas à toi de payer mon costume papa, je travaille maintenant. Déjà que tu m'héberges.

— Ça sert aussi à ça les papas parfois.

Un instant, je redeviens enfant à ses côtés. Je repense au chemin de l'école que nous empruntions le matin, avec ce papa qui parlait peu. J'ai toujours craint le vide qu'étaient les silences de nos conversations. Avec des phrases qui n'avaient d'autre but que de les combler, je parlais sans relâche. Tout était la cause d'un émerveillement forcé, censé ramener mon père à la vie, après qu'il me l'avait donnée.

Boulevard de Magenta, on s'arrête chez « Akim Création », une boutique semblable à toutes les autres. Ici, les costumes ont l'air en promotion depuis la création du magasin. Le gérant nous accueille comme les rois mages en Galilée. Et même si je me suis réveillé rue Galilée, devant ses excès de servitude, nous voici gênés et hilares à la fois. Il récupère nos manteaux comme des précieux, les met dans sa réserve, et nous propose même un café. Cet homme serait presque capable de faire plier Camille Etienne en faveur du capitalisme et de la mondialisation. On progresse dans la boutique munis de nos deux jus de chaussettes. Devant la bonhomie du vendeur, je jette mon dévolu sur un simple costume noir. J'ai le style ordinaire. Dans la cabine d'essayage, je reçois un message de Chloé, que je laisse sans réponse : « J'étais au chant. On se voit ce soir. T'inquiète pour Marvin, on n'a rien fait de mal. »

Pour Akim, il est normal que le pantalon soit beaucoup trop long. Il peut arranger ça avec un ourlet en quelques minutes seulement. Pendant qu'il commence à mettre ses épingles à quelques centimètres de ma peau, mon père et lui discutent comme deux amis de longue date qui se seraient retrouvés. Mon père explique qu'il s'agit de mon premier costume pour mon premier travail. Il semble fier de me voir ainsi embrasser la vie d'adulte. Akim n'a pas revu son fils depuis son départ pour la France, il y a dix ans. Malgré ses papiers en règle, sa boutique, et son logement situé au-dessus de la boutique, qu'il partage avec deux autres personnes, l'administration française ne leur a pas délivré de visas.

— Connard d'Erdoğan, jure-t-il.

À l'heure de lois anti-immigration toujours plus sévères et de la montée du fascisme déguisé en parti sécuritaire, j'ai de la peine pour Akim.

Il prend mes mesures en quelques secondes, et part dans l'arrière-boutique avec le pantalon, la veste et une chemise, ce qui constitue ici le menu Maxi Best Of du costume. Mon père scrute les costumes et ne dit rien, perdu dans sa propre profondeur. Je suis désormais fasciné par sa manière de ne pas être atteint par le silence. Il aurait été meilleur moine que chômeur.

Akim surgit de la réserve. J'essaie le costume retouché. Il est parfaitement à ma taille. Sourires satisfaits. Marché conclu.

— Bon, tu veux régler comment ? demande Akim.

— Par carte s'il te plaît.

Mon père tend sa carte bleue. Je suis gêné, ne sachant d'où vient cet argent. J'ai trop conscience du peu qu'il nous reste. Akim lui tend le terminal de paiement bancaire :

— Akim, il y a une erreur, c'est marqué « Deux euros ».

— Il n'y a pas d'erreur. Je vous ai compté les deux cafés.

— Non mais ça ne va pas…

— N'insistez pas sinon je vous compte les deux sucres.

— Je… Merci. Vraiment. Mais…

— Mais à une seule condition : que vous reveniez ici boire le café de temps en temps.

Mon père ne trouve pas ses mots, et pour une fois, c'est un autre qui les lui a enlevés. Akim se tourne vers moi :

— J'ai vu que ton père t'aimait beaucoup. Profites-en.

— Merci beaucoup Akim… Et j'espère que votre fils sera bientôt là avec nous pour le café.

Le monde nous réserve encore des belles surprises. En sortant du magasin, ni mon père ni moi n'échangeons un mot. Une fois à la station Barbès, on se serre dans les bras. Dans un genre d'étreinte qui parle d'elle-même.

Aujourd'hui est le début de quelque chose. Aujourd'hui plus qu'hier. Dans le métro, je regarde la ville qui défile par la fenêtre. Je me sens dans un film. C'est bon de rêver parfois.

10

Tous les soirs au théâtre, les applaudissements font résonner une nouvelle musique. À en croire les claps unanimes de cette représentation, c'est la mélodie d'un succès.

C'est la centième représentation du *Misanthrope*, et comme une bonne nouvelle n'arrive jamais seule, Madeleine a invité tous les ouvreurs à une petite fête organisée pour l'occasion après la pièce. Je ne peux m'empêcher d'espérer y croiser Marcel André, qu'on aperçoit parfois à la sortie du théâtre avant qu'il ne s'engouffre dans son taxi. Il semble fuir la célébrité comme la peste.

Mon niveau d'admiration à son égard peut se comparer à celui que j'éprouvais pour Jenifer à l'âge de six ans. Un ami de mes parents m'avait même offert un poster, dédicacé par la chanteuse : « Pour Baptiste, Merci du soutien. À Bientôt. Jenifer ». J'étais ainsi persuadé que nous avions un lien intime. Que sa révolution porterait mon nom. Qu'il me suffirait un jour de la rencontrer en me présentant à elle, et qu'elle se souviendrait d'avoir signé ce poster pour moi. Je traversais cette époque pendant laquelle j'aimais tant m'inventer des histoires. « Elle » savait si bien les ternir. Un jour, le poster fut déchiré sans me demander mon avis avant d'être jeté sans ménagement à la poubelle. « Elle » était sûrement jalouse que je puisse admirer ou désirer une autre.

Dans un recoin du premier étage, Marvin pousse un grand rideau pourpre. Un bar immense apparaît, bercé par la lumière des néons rouges qui se reflètent sur le zinc du comptoir. Les énormes baies vitrées dominent la rue de la Gaîté et l'entrée du théâtre. Je suis stupéfait :

— Attends ! Je suis passé tellement de fois devant ces rideaux. Je pensais que c'était de la simple déco.

— Bienvenue dans le plus beau *speakeasy* de Paris. Ici, on n'ouvre le bar que pour les grandes occasions, enchaîne Marvin.

— Ça serait génial pour un mariage !

— On ne risque pas de se marier ensemble alors.

Alerte. Détresse respiratoire. Il n'a pas l'air de saisir le chamboule-tout interne que vient de provoquer sa phrase.

Nous sommes les premiers sur place, excepté Madeleine, qui s'active derrière le bar, elle sort le champagne et des plateaux du four. Assez paradoxal pour une directrice de théâtre de préparer des petits fours. Elle nous tend trois coupes avec un grand sourire que je ne l'avais jamais vue porter :

— Allez les jeunes, servez-vous !

À vrai dire, après notre premier rendez-vous, et à part une brève apparition dans les couloirs, je ne l'avais plus jamais revue.

— Comment ça se passe pour vous ? nous demande-t-elle.

— Ça va, il y a de plus en plus de monde mais…

Madeleine coupe Marvin d'une traite :

— Ça, je m'en fous. Je parle de vous en tant qu'artistes. Ça se passe bien les cours à Florent ?

Dans mon souvenir, Madeleine maniait un langage si soutenu qu'on aurait pu le peser en grammes. Sa bienveillance m'attendrit. Elle nous regarde comme si chaque partie de nous formait le miroir de sa jeunesse. Nous sommes pris de court par le bruit des rideaux qui s'écartent, laissant apparaître Sophie et Colette, suivies de quelques techniciens. Parmi eux, je reconnais Thierry que j'appelle d'un joyeux :

— Salut Titi !

— D'où tu connais mon nom, toi ?

— Mais si, on s'était croisés sur scène mon premier jour.

Il me scrute de la tête aux pieds, pas franchement convaincu, et continue son chemin jusqu'aux bières que Madeleine a posées sur le bar. Chloé me regarde avec son air taquin :

— Quel charisme ! Définitivement, personne ne pourrait t'oublier.

— Tant que vous, vous ne m'oubliez pas…

Madeleine discute avec les techniciens, Chloé se tourne vers nous pour des confidences :

— Vous savez que Madeleine avait été pensionnaire à la Comédie-Française ?

— Quoi ? à l'unisson avec Marvin.

— C'était une star du théâtre dans les années soixante. C'est Colette qui m'a raconté hier quand on faisait la fermeture. Madeleine avait épousé à vingt ans l'amour de sa vie, un jeune Auvergnat qui a fait fortune plus tard dans l'importation de lait. Et pour leurs quarante ans de mariage, il lui a offert ce théâtre.

Vive le calcium. Les produits laitiers sont nos maris pour la vie.

— Et il est devenu quoi, son mari ?

— Il est mort il y a quelques années. Alzheimer.

Un court instant, je balaie des yeux le bar du théâtre qui s'est rempli. J'aime l'ambiance familiale du lieu. Mais toujours aucune trace de Marcel André. Madeleine saisit nos coupes et les remplit de nouveau. Elle prend vie en même temps que son théâtre. Je glisse discrètement à Marvin :

— J'avais pas du tout ce souvenir d'elle.

— C'est normal... Elle n'est pas quelqu'un de facile. Mais elle ne triche jamais. Soit elle t'aime, soit elle ne t'aime pas.

— Et là tu penses que... ?

Je récupère au même moment ma coupe de champagne, que Madeleine me tend. Marvin s'empare de la sienne, et tente de poursuivre notre discussion à voix basse :

— Regarde ta coupe.

— Ma quoi ?

— Ta coupe de champagne, pas de cheveux... Quand elle aime quelqu'un, elle remplit les coupes de champagne à ras bord. Sinon, elle t'en sert juste un fond et te la tend pendant que la mousse commence à redescendre. Tu observeras ça au fur et à mesure de la soirée.

— Donc on peut mesurer son amour avec un éthylotest ?

Ma coupe est remplie à ras bord. Je suis donc membre à part entière de cette famille de théâtre.

Mon oreille traîne dans une conversation de deux jeunes actrices de la pièce :

— Il va vraiment falloir qu'on aille voir Madeleine pour qu'elle lui parle... C'est la centième et il se trompe encore dans le texte. C'est *Le Misanthrope* en plus, en alexandrins... Ça craint pour lui, et pour nous. Douze pieds, avec tout ce qu'il a déjà joué ce n'est pas la fin du monde...

Je ne peux croire qu'elles critiquent Marcel André. À en croire tous les éloges que j'ai pu lire sur sa rigueur, rater un alexandrin et douze pieds serait pour lui beaucoup. Juste la fin du monde.

*

Il est là. L'assemblée s'est figée devant son aura. Derrière, Raymond le suit et n'éprouve aucune difficulté pour trouver le chemin du bar. À l'intérieur, nous n'osons plus vraiment parler. On dirait qu'un lion est entré dans l'arène. De sa petite taille, les cheveux blancs, les yeux rieurs, comme usés d'avoir trop joué, on croirait au plus vieux des enfants. Marcel s'avance jusqu'au bar. Un tel charisme ne se décrit plus.

Plus il s'approche, remerciant au passage l'équipe, plus je suis tétanisé. Mon cœur veut bondir hors de mon corps, ma tête se réchauffe d'un seul coup, je commence à suer. J'essaie de ne surtout pas bouger pour ne pas provoquer une rencontre.

Madeleine l'appelle au loin.

Mayday.

Il se retourne. Je m'évanouis de l'intérieur.

— Marcel, je te présente Marvin, Chloé et Baptiste, mes petits chouchous qui travaillent ici.

— Enchanté les chouchous qui travaillent ici.

Sa mécanique humoristique semble rodée depuis des années. En proie à une tachycardie foudroyante, je crois que nous ne sommes pas faits pour être si près de nos idoles. Chloé se décale pour laisser Marcel accéder au bar. Madeleine lui sert une coupe de champagne qui déborde, avant que Titi vienne s'intégrer à notre petit groupe.

*

Patatras. En plein colloque avec Titi sur l'autorisation, ou non, des trottinettes sur les pistes cyclables (à chacun son combat), j'ai voulu me retourner pour déposer mon verre sur le bar. Ce faisant, mon bras s'est heurté à un verre de vin rouge dont le contenu a jailli sur mon buste. Trempé, je relève la tête pour mieux dévisager mon arroseur : Marcel André.

On mesure certainement la notoriété d'un acteur à notre propension à lui pardonner une tache. À ce stade, je pourrais même m'excuser en lui demandant si je ne lui ai pas fait mal.

— Oh ! désolé jeune homme. J'ai complètement oublié la priorité à droite.

Point faible ? Trop fort. Il prend le temps de jauger la nouvelle teinture rouge de ma chemise.

— C'est malin, on dirait que quelqu'un vous a éventré. Venez, je vais arranger ça.

— Ne vous inquiétez pas, je laverai ma chemise en rentrant. Profitez de votre centième. De toute façon, mon banquier m'a déjà dit que j'étais dans le rouge.

J'ai arraché un rictus à Marcel André. Après avoir vu ce visage s'éclairer, on peut mourir tranquille. Il me fait signe de le suivre.

On sort du bar. Marcel me plonge dans un conciliabule :

— Enfin ! Merci jeune homme ! Vous venez de me donner la meilleure raison de quitter cette soirée. La liberté est à chérir... Vous venez de me rendre la mienne.

Je me sens complice d'une évasion d'Alcatraz. Mon grand-père aurait donné beaucoup pour vivre ce moment. Dans les coulisses, on emprunte l'escalier qui mène au bureau de Madeleine.

— Tu es déjà venu ici ? me demande Marcel

— Une seule fois, pour mon premier jour.

— Tu fais du théâtre ?

— Oui, je suis aux Cours Florent.

Il ne répond pas. Ce silence me perturbe. Il ne semble absolument pas gêné, et me jauge. Nous continuons l'ascension dans les étages, que Marcel a de plus en plus de mal à monter. Son regard est bordé d'autodérision, de ces personnes âgées habituées à stimuler la connivence :

— J'hésite à gravir l'Everest bientôt.

Je laisse échapper mon rire. Ma repartie est anesthésiée. Je ne veux pas parler, mais boire ses paroles, ou qu'il me les renverse sur ma chemise.

Marcel montant les escaliers sans Stannah, j'ai le temps de contempler les moindres détails. C'est peut-être la première et dernière fois que je serai autorisé à être ici, j'en profite.

De vieilles affiches sont accrochées aux murs, et Marcel me voit en train de les regarder comme un ravi de la crèche :

— Ce sont toutes les pièces qui ont été programmées ici. Elles sont classées par ordre de préférence de Madeleine. Les plus proches de son bureau, tout en haut, sont celles qu'elle préfère. Mais chut !

— Vous la connaissez depuis longtemps, Madeleine ?

— Oh que oui ! On s'est rencontrés quand on avait vingt ans à la Comédie-Française. On jouait Camille et Perdican dans *On ne badine pas avec l'amour*. À l'époque, son mari était tellement jaloux qu'il avait réussi à s'infiltrer dans ma loge pour mettre du poil à gratter dans mon costume. Puis quand il a compris que je n'étais pas un cœur à prendre, nous sommes tous devenus amis. Puis de vieux amis. Puis de trop vieux amis, qui n'arrivent même plus à monter les escaliers dignement, tu te rends compte ?

Il s'agrippe à la barre comme une danseuse du Conservatoire.

— Et pourquoi vous êtes parti de la Comédie-Française ? m'intéressé-je.

— À la Comédie-Française, on choisit rarement de partir.

— Vous vous êtes fait virer ?

Nouveau silence. Il continue de gravir le deuxième étage comme si je n'avais pas posé de question. Je m'enfonce un peu plus :

— En tout cas, mon grand-père vous avait vu jouer plusieurs fois à la Comédie-Française. Vous étiez son acteur préféré, il nous parlait tout le temps de vous.

Semblant habitué à ce genre de déclaration, il sourit poliment.

Arrivé au deuxième étage, il plonge sa main dans la terre d'une plante verte pour en extraire un trousseau de clés. Quelques mètres plus loin, nous arrivons devant une porte sur laquelle est apposée une plaque : « Loge Marcel André ».

Il me laisse sur le palier, et s'infiltre à l'intérieur. Je feins avec difficulté de ne pas regarder par l'entrebâillement de la porte. J'ai toujours été fasciné par la loge d'un comédien, véritable antichambre du personnage et de la transition entre fiction et réalité.

Après quelques secondes, Marcel sort, une bombe de détachant et un tee-shirt à la main.

— Viens !

Je le suis sans rien dire.

Au troisième étage, au bout d'un couloir, nous pénétrons dans une immense pièce, dont la hauteur sous plafond permettrait à Wembanyama de faire du trampoline.

Partout, des costumes.

— Bienvenue dans « la malle ». C'est un des seuls théâtres de Paris qui gardent en archives tous leurs costumes. Mais ils n'auront bientôt plus assez de place.

Au fond, un mur de machines à laver qui tournent à plein régime. Des immenses bacs à linge sale sont disposés à leur pied, classés par couleur. Sur un portant, Marcel saisit un tee-shirt.

— Tiens, ça reste entre nous. On le garde en rechange pour *Le Misanthrope*. Je dirai que je l'ai perdu.

— Merci Marcel.

Je le regarde avec un grand sourire qu'il me rend.

— Mets ta chemise dans le bac des couleurs claires. Elle sera lavée et prête demain. Je demanderai à l'habilleuse de s'en occuper quand j'arriverai au théâtre. Tu reviendras ici la récupérer.

Il me toise de son regard joueur :

— Allez suis-moi, je vais te montrer quelque chose. Mais ça reste entre nous.

Il ouvre une porte sur laquelle est écrit : « Accès interdit à toute personne étrangère au service ». Nous voilà sur une passerelle suspendue au-dessus du vide :

— Normalement, c'est réservé aux techniciens. Mais on s'en fout. On est punks.

— Et peut-être même qu'un jour je serai Puck.

On se sourit. Il a compris ma référence shakespearienne au *Songe d'une nuit d'été*.

— On appelle cet endroit « les cintres ».

— Les « cintres » ?

— Oui, parce qu'ils viennent ceinturer tout ce qui est suspendu au-dessus de la scène. Que ce soient les décors ou les projecteurs, c'est ici que les techniciens vérifient qu'ils sont bien accrochés. Penche-toi, tu vas voir.

Je m'exécute. La scène est à plusieurs dizaines de mètres sous mes pieds. J'ai le vertige, mais le vide ne m'aura jamais autant attiré qu'ici.

Sur le chemin du retour, chaque marche me permet de redescendre un peu plus de mon nuage. Je sors avec lui pour la première fois par l'entrée des artistes.

— Merci Marcel de m'avoir montré tout ça… Je ne sais pas comment vous remercier.

— Merci à toi. Je crois que je n'aime rien autant, à mon âge, que d'avoir l'opportunité et la chance de transmettre ces impalpables-là… Je revois dans tes yeux ma première fois dans des cintres. Quel est ton nom déjà ?

— Baptiste Dusseau.

Il s'arrête un instant, comme frappé par le présent. Il bafouille.

— Marcel, j'ai… Enchanté… À très vite, Baptiste.

Je rejoins Chloé et Marvin devant le théâtre.

— Tu es parti depuis une heure, vous avez fait quoi ? s'impatiente Marvin.

— On a fait un bowling.

— Non mais sérieux !

— Je crois que je n'arrive pas trop à réaliser ce qu'il vient de se passer.

Je leur chuchote comme un enfant :

— Il m'a fait visiter les coulisses !

— Ah. Y a rien d'extraordinaire alors, enchaîne Marvin.

— Tu es obligé d'être tout le temps rabat-joie comme ça ? demande Chloé.

— Non mais je rigole, ça va. Trop content pour toi Baptiste. Et puis, très classe le tee-shirt. Allez à demain tout le monde !

Je ne sais jamais sur quel pied danser avec lui. Encore faudrait-il qu'il m'y invite.

11

Qu'y a-t-il de pire que de se réveiller en gueule de bois ?

Réponse : se réveiller en gueule de bois avec son père hurlant et imitant un coach de natation. « Tous les nageurs sont priés de venir au niveau du petit déjeuner sous peine de sanction. Je répète pour mon petit poisson rouge : tout le monde au petit déjeuner. Et que ça saute. »

Deux hypothèses : soit sa psychiatre a augmenté la dose de ses antidépresseurs, soit mon père s'est mis à prendre de la drogue. J'émerge difficilement de ma chambre, avant de le voir s'activer autour de la table du salon. Il a préparé le petit déjeuner, rapportant tour à tour assiettes, œufs au plat, jus d'oranges, et deux cafés.

J'ai l'impression de m'être couché dans un hôtel Formule 1, et de me réveiller dans un Marriott. De toute évidence, mon père remonte la pente, je suis joyeux de le voir atteindre des sommets.

— Mon fils, aujourd'hui j'ai une surprise pour toi !

Je l'observe, les idées pas très en place. Il enchaîne :

— Je sais que c'est quelque chose que tu aimes bien. En revanche, n'essaie pas de deviner. La seule chose que tu as à faire, c'est manger ton petit déjeuner et me suivre.

Je l'écoute religieusement, on ne freine jamais un grimpeur. Dans le métro, je sens mon père heureux à l'idée de me rendre heureux. Je ne l'ai jamais vu sourire autant.

Nous descendons à la station Balard. Il faut vraiment avoir une bonne raison de descendre à Balard. Au terme de quelques minutes de marche, nous voilà face à un grand centre commercial.

— Quoi ? tu ne reconnais pas ? L'Aquaboulevard ! J'ai pris un café chez Akim, il avait gagné deux places, il nous les offre.

Si j'apprécie la philanthropie d'Akim, l'Aquaboulevard un lendemain de cuite me donne une certaine définition de l'enfer. Je sens que cette surprise permet surtout à mon père de reprendre une vie sociale ; alors, mettant en pratique tout ce que j'ai pu apprendre durant ces deux mois aux Cours Florent :

— C'est génial. Merci papa.

— Je ne savais pas si ça te plairait, mais comme tu adores nager depuis tout petit… Je nous ai pris deux maillots chez Decathlon.

À fond la forme.

L'Aquaboulevard est un parc aquatique installé dans le quinzième arrondissement, qui est à Paris ce que la Creuse est à la France. Nous entrons tous les deux dans le temple du moule-bite, où l'odeur de chlore pourrait nous désinfecter les narines. Dans les vestiaires, on se rend compte de ce que signifie « parc aquatique » un samedi : en entendant les cris stridents des enfants, j'adresse un dernier au revoir à mes tympans. Merci pour tout.

J'enfile le maillot rouge vif que mon père a choisi. En sortant des vestiaires, je découvre que mon père a pris le même. Passage obligé pour les deux poissons rouges au pédiluve, où les mycoses cuisent au bain-marie, avant de pénétrer sous une immense verrière.

— On va où ? me demande mon père.

— Où tu veux, je te suis papa.

Une alarme retentit. Tous les enfants se ruent vers l'énorme piscine principale en criant :

« Y a les vagues ! Les vagues ! » Un bruit assourdissant nous assomme, et voilà que d'immenses vagues commencent à se former dans le bassin. Mon père bondit dans l'eau, je le suis. On dirait deux enfants échappés d'un groupe. Avec l'art de toujours choisir des moments inopportuns, c'est ici que mon père décide de me poser des questions sur ma vie.

— Comment ça va toi en ce moment ?

— Quoi ? Je n'entends rien avec le bruit, papa.

— QUOI DE NEUF FISTON ?

Il se met à hurler. Tous les regards se tournent vers nous, je ne peux m'empêcher d'exploser de rire, finissant par répondre avec les yeux du bonheur :

— Je suis tellement heureux, papa ! J'ai rencontré Marcel André à une soirée organisée au théâtre pour la centième de la pièce. On s'est parlé. Il m'a même fait visiter les coulisses du théâtre.

— Tu lui as parlé de grand-père ?

— Oui ! Il a souri…

— Et les Cours Florent alors ?

— Je ne me suis jamais senti autant à ma place. Merci encore de me les offrir. Je te promets que je vais travailler dur et que je serai comédien. Tu seras fier.

Entre deux vagues contre lesquelles j'essaie de lutter, je découvre mon père, les yeux rouges d'un chlore nouveau :

— Je suis déjà fier de toi.

Une phrase. Une seule phrase qui contient tout.

— Moi aussi papa. Je t'aime.

On s'enlace avant qu'une vague gigantesque nous emporte. Je plonge profondément pour mieux noyer mes larmes. Après tout, les poissons rouges ne pleurent jamais.

12

Marvin m'a donné l'idée d'un texte sur « elle » pour mon parcours libre. J'ai ressorti le vieil ordinateur rafistolé qu'« elle » avait cassé à mes pieds un soir de colère, et j'ai réfléchi à une histoire pour mieux conter la mienne. Marie-Christine a raison. Chaque mot sur la page est un pas en avant. Mais la mémoire traumatique trouble mes souvenirs en même temps qu'ils s'écrivent. Je culpabilise surtout d'écrire quelque chose de négatif sur « elle ». La culpabilité dans le biberon. L'histoire qui me vient ressemble à un conte, dans lequel un enfant aimerait parler à sa mère, retenue prisonnière par un monstre. Au fur et à mesure, mes larmes apaisent le flot de mots qui éclabousse les pages.

Au moment de présenter ma carte blanche à la classe, je suffoque. Jouer avec les mots des autres me rassure. Quand il s'agit des miens, j'ai le sentiment qu'une frontière s'est installée entre la vie et la vie. Estelle vient à ma rescousse :

— Tu as besoin d'aide ?

J'opine. À en croire mon annonce avortée au théâtre l'autre jour, je ne sais ce qui m'angoisse le plus entre parler d'« elle » ou parler tout court. Estelle plonge la salle dans l'obscurité. Je ne vois plus l'assemblée et je me sens comme un adolescent qui craindrait de se montrer nu pour la première fois. Comme lui, j'ai peur de me dévoiler devant des regards qui m'étaient inconnus il y a quelques semaines. La voix douce d'Estelle m'accompagne :

— Prends ton temps. Essaie de te rappeler le texte. Et surtout, avant de commencer, ferme les yeux, et immerge-toi dans l'histoire que tu vas nous raconter. C'est parce que tu voyages que tu nous feras voyager.

Ma respiration se calme. Je me plonge dans l'univers de mon histoire. « Elle » et sa violence me reviennent encore plus brutalement dans l'obscurité. Les adultes aussi ont parfois peur du noir.

Je prends une grande inspiration et commence le texte. À l'intérieur de moi, tout bat plus fort.

Je me sens pousser des ailes. J'ai l'impression que tous mes sentiments se décuplent. D'être enfin disponible à moi-même. D'avoir accès à toutes les émotions retenues jusqu'alors. De pouvoir être tour à tour en colère, triste, heureux. De pouvoir être un personnage, et moi-même à la fois. Mes mots ne sont plus seulement les miens. Ils sont désormais à chaque personne à qui je les confie.

Dans ce moment de vibration, je sens un déclic. Je veux faire du théâtre toute ma vie. Habiter un court instant le présent, en laissant de côté toutes les pensées obsessionnelles qui jusqu'alors me paraissaient hors de contrôle.

Estelle rallume la lumière. Et pour la première fois, je me sens nu habillé. C'est agréable et perturbant à la fois. Les regards de mes camarades sont embués. Je réalise que nous sommes tous prisonniers des histoires que nous n'osons jamais raconter. Dans l'obscurité d'une salle, les angoisses de mes nuits sont venues orner le jour.

13

Je récupère ma chemise propre à la buanderie en arrivant au théâtre, et me sens un peu plus en confiance depuis ce matin. L'état de propreté de nos vêtements serait-il le reflet de notre amour-propre ? Une voix m'interpelle dans les étages.

— Baptiste ?

Je ne sais d'où elle provient.

— Oui ?

— Viens !

— Qui est-ce ?

— Marcel.

Je me dirige vers sa loge, aussi timide qu'un élève d'école maternelle avant sa première rentrée.

— Entre !

En poussant la porte, je le découvre affalé sur son canapé, une tasse de thé dans la main, son téléphone dans l'autre. Il tapote dessus avec un seul doigt, comme les personnes qui appelleraient encore l'iPhone un GSM.

— Assieds-toi, fais comme chez toi.

Les gens qui disent cette phrase ignorent toujours l'état de ma chambre.

— Tu veux boire quelque chose ? Tu as récupéré ta chemise ?

Depuis une enceinte, une musique que je ne connais que trop bien se fait entendre. Je ne suis plus très sûr du titre, alors je demande à Marcel :

— Pardon. Mais c'est la Gymnopédie numéro un d'Erik Satie ?

« Elle » adorait que je la joue. À mes cinq ans, mon père et « elle » avaient acheté un piano. J'ai le souvenir du visage de nos proches, transpirants et asphyxiés, après l'avoir porté jusque chez nous. Autour de cet objet qui paraissait immense pour mes deux yeux d'enfant se sont réunis mon grand-père, mon oncle, mon père et deux amis de la famille, qui n'avaient pas encore quitté le naufrage que représentait la relation de mon père avec « elle ».

Mon père s'était alors mis à jouer en m'installant sur la banquette, près de lui. Premier coup de foudre. J'avais enfin un ami à la maison avec qui parler. Rapidement, j'ai demandé à faire « comme papa ». Et rapidement, le plaisir s'était mué en calvaire. « Elle » m'obligeait à travailler mon piano deux heures par jour, en restant derrière moi. Il est des tortionnaires mélomanes chez qui la musique n'adoucit pas les mœurs. Quand je faisais trop de mauvaises notes, ce qui constitue en soi le fondement d'un apprentissage, ses mains battaient sans suivre le métronome.

À treize ans, apeuré que les violences persistent au milieu des accords mineurs et majeurs, je me résignai à faire croire à mes parents que je préférais arrêter le piano, que ça ne me plaisait plus comme avant.

Le piano a été vendu. J'ai pleuré. Beaucoup pleuré. J'avais perdu un ami. Aujourd'hui, « elle » m'aura au moins permis de créer un lien.

— Tu connais Satie ? demande Marcel.

— Pas personnellement, mais…

Il s'esclaffe avant de déposer son téléphone. Ses yeux percent les miens.

— Bon, raconte-moi. Tu m'as dit que tu suivais des cours de théâtre ?

— Oui… Aux Cours Florent en première année… enfin on est loin de jouer *Le Misanthrope* comme vous, sinon Molière se retournerait dans sa tombe.

Ses yeux s'habillent d'un manteau de malice.

— Un jour, François Périer m'a raconté une anecdote, de l'époque où il était élève au Conservatoire national supérieur, dans la classe de Louis Jouvet. Tu la connais ?

— Non...

— Louis Jouvet jouait chaque soir dans *L'École des femmes*. Alors un jour, François décide d'aller voir jouer son professeur. Mais pendant la pièce, il le trouve extrêmement mauvais. Le lendemain en cours, alors qu'il est en train de jouer une scène, son professeur s'exclame : « Si Molière t'a vu, il a dû se retourner dans sa tombe. » La repartie de François ne tarde pas : « Vous jouez ce soir, il se remettra en place ! »

Amusé par l'anecdote, Marcel poursuit.

— Vous travaillez sur quoi en ce moment ?

— On devait préparer une carte blanche, et maintenant, on doit préparer une scène du *Mariage de Figaro*.

Marcel marque un silence, puis de ses yeux joueurs, déclame :

— « Ô femme ! femme ! femme ! créature faible et décevante... nul animal créé ne peut manquer à son instinct, le... » Je ne me souviens plus très bien de la suite.

— ... « le tien est-il donc de tromper ? » parviens-je à enchaîner.

En venant combler son trou de mémoire, j'ai l'impression d'avoir joué un court instant avec lui. Mon état interne ? Indescriptible. Je jette un coup d'œil à ma montre, le temps presse parfois les mauvaises heures.

— Merde ! Il faut que je me dépêche, la salle va ouvrir.

— On s'en fout ! La liberté est à conquérir mon cher Baptiste !

— J'ai un peu de mal alors...

— C'est normal. Mais pour rester, il faut savoir partir.

— Je vous préviens. S'il n'y a personne ce soir dans la salle vous ne viendrez pas vous plaindre.

— Je peux te demander une dernière chose avant que tu ne partes ?

— Oui ?

— Cesse de me vouvoyer s'il te plaît, j'ai l'impression d'avoir mon âge.

J'esquisse un sourire, et je m'apprête à quitter sa loge.

— Baptiste ! Si tu veux vraiment faire du théâtre plus tard, mets une écharpe.
— Promis Marcel. Comme les Miss France.

Il rit.
Bingo.

14

Aux Cours Florent. Camille et Sébastien sont sur scène. Camille avait choisi Sébastien comme partenaire pour son côté animal et physique. Mais le lion s'est transformé en escargot, et n'a toujours pas lu *Le Mariage de Figaro* que nous étions censés travailler. Le malaise est palpable, ils ne jouent pas du tout ensemble. On pourrait même croire qu'ils ne jouent pas la même pièce. Peu à peu, Camille commence à exulter sa colère dans les répliques et leur scène d'amour vire à la scène de ménage. Plus elle s'énerve, plus Sébastien est déboussolé. Pour éviter que le fiasco ne tourne au pugilat, Estelle interrompt leur jeu sans prendre de gants :

— Stop. On va arrêter là. C'est quoi le problème ?

— Rien, c'est juste que..., enchaîne Camille, gênée.

— Que tu n'es pas contente d'être avec Sébastien ? Tu sais Camille, si tu fais ce métier, tu vas forcément être confrontée à des comédiens avec qui tu n'as pas envie de jouer. Pire, certains ne partageront ni tes idées ni tes visions du projet. Alors aidez-vous, et essaie de voir ce qu'il peut t'apporter quand même… Bon, et Sébastien, il va falloir que tu te mettes à bosser aussi. Tu as lu la pièce ?

Sébastien a l'énergie d'un Bob Marley sous Xanax.

— *Le Mariage de Figaro* ? Ah… Euh, bah oui je l'ai lu, bredouille-t-il.

— Donc qu'est-ce qu'il se passe après cette scène ?

— Bah… euh… il y a le…

— D'accord, tu ne l'as pas lue. Sébastien, tu peux sortir du cours, tu reviendras quand tu auras envie de bosser comme les autres.

Il s'empare de son sac et sort de la classe. Fou rire nerveux de l'assemblée.

— Maintenant que Sébastien n'est plus parmi nous, je vais être très claire. Tous ceux qui n'ont pas encore lu la pièce peuvent prendre la même porte.

Tout le monde reste, Estelle continue, enlisée dans une colère sourde.

— Si vous choisissez un partenaire et que vous vous rendiez compte que ce n'était pas celui que vous espériez, je veux au moins que vous fassiez l'effort de passer trois fois sur scène ensemble. Si vous apprenez dès à présent à en faire une force, vous aurez trois temps d'avance. Le but, dans ces moments-là, comme Camille tout à l'heure, c'est de tout faire pour ramener votre partenaire dans le présent et partager le même. Au cinéma, le montage pourra toujours donner le change. Mais au théâtre, le présent est trop beau pour ne pas être partagé.

Dans la classe, plus un bruit. Estelle est lancée dans son laïus :

— C'est pareil avec le public. Si vous sentez qu'il vous échappe, essayez de le ramener à vous, et de vous ramener à lui. Même si vous avez joué la même pièce trois cents fois, à chaque nouvelle représentation, les compteurs sont remis à zéro !

Grâce à Estelle, nous saisissons ensuite l'importance d'aller voir des pièces au théâtre pour les apprentis acteurs que nous sommes. De pouvoir stimuler notre goût et notre sensibilité théâtrale. D'essayer de comprendre l'univers d'un metteur en scène, d'un acteur, d'un scénographe, d'un compositeur, et leurs propositions.

De sentir l'énergie d'un public changer en fonction de la salle. De rêver à notre théâtre.

*

Maxime arrive sur scène pieds nus, vêtu d'un collant noir et d'une chemise blanche à jabot trop petite, peinant à cacher son nombril. On dirait ma tante, qui nous fait découvrir à chaque Noël son nouveau look, que même Desigual ne se risquerait pas à produire. Passionnée de couture, à la retraite, elle réalise elle-même ses hauts, aux dimensions approximatives, à partir de tissus recyclés. Si la vertu écologique est évidente, le résultat mettrait n'importe quel styliste au bord du gouffre. *A contrario* de ma tante, Maxime est gêné de son accoutrement. Estelle ne tarde pas à réagir :

— Maxime, c'est quoi ce déguisement ?

— J'ai été dans une friperie, je voulais un costume d'époque et je crois que j'ai essayé trop vite.

— Tu te rends compte que tu ressembles davantage à Billy Elliot qu'à Figaro ?

— Je sais…

— On s'en fout des costumes pour l'instant. La plus grande difficulté des textes classiques, c'est que vous arriviez à saisir les enjeux et à les faire résonner aujourd'hui avec votre génération. Regardez : *Le Misanthrope*, c'est ni plus ni moins qu'un homme qui en a marre de faire semblant sur Instagram. *Dom Juan*, c'est ni plus ni moins qu'un dragueur malheureux… Je vous rappelle que si ça continue comme ça, dans cinquante ans, c'est mort le théâtre. Et c'est là tout l'enjeu du théâtre de demain. De dépoussiérer les textes du passé en parvenant à les transposer au présent. Alors je compte sur vous, je n'ai pas envie d'être au chômage tout de suite, moi…

L'ambiance se détend nettement. Avec ce discours d'Estelle, j'ai l'impression que nous sommes les derniers survivants d'une espèce en voie de disparition : les théâtreux.

De ceux qui purgeraient bébé avant d'avoir été parents.

De ceux qui seraient Capulet et se rêveraient Montaigu.

De ceux qui continueraient d'attendre Godot.

De ceux qui croiraient encore à la possibilité d'un ailleurs.

— Tu as choisi quelle scène Maxime ?

— Le monologue de Figaro.

Il commence :

— « Ô femme ! femme ! femme ! créature faible et décevante... nul animal créé ne peut manquer à son instinct, le tien est-il donc de tromper ? »

Dans un réflexe pavlovien, je me tourne vers Marvin en chuchotant :

— Tu vois, je t'avais dit, les femmes sont décevantes, c'est pour ça que tu devrais coucher avec moi.

Il me regarde, ses yeux questionnant la sincérité de mes propos. Pour brouiller les pistes, je lui adresse un énorme sourire. Il me le rend, laissant éclater là encore tout son charme.

Je suis d'un coup foudroyé par le monologue de Maxime :

— « Je dis ma gaieté, sans savoir si elle est à moi plus que le reste, ni même quel est ce moi dont je m'occupe : un assemblage informe de parties inconnues ; puis un chétif être imbécile, un petit animal folâtre, un jeune homme ardent au plaisir, ayant tous les goûts pour jouir, faisant tous les métiers pour vivre, maître ici, valet là, selon qu'il plaît à la fortune ; ambitieux par vanité, laborieux par nécessité, mais paresseux... avec délices ! Orateur selon le danger, poète par délassement ;

musicien par occasion, amoureux par folles bouffées… »

Chacun de ces mots trouve un écho en moi. Ils sont les branches sur lesquelles on pourrait s'agripper pour prendre de la hauteur. Au cours de mes relations amoureuses, j'ai toujours fini par me perdre pour essayer de stimuler l'amour. Je n'ai jamais pris le risque d'être moi-même, par peur d'être rejeté. Je suis devenu tour à tour fumeur, passionné de timbres, de peinture, de l'Égypte antique, et j'en passe. J'en suis même venu à m'inscrire à des cours de natation synchronisée. Finalement, le théâtre est la première chose que je fais réellement pour moi.

Bouche bée, je ne parviens plus à distinguer si c'est Maxime ou Figaro qui parle. Il ne fait qu'un avec le personnage, on en oublie même sa chemise aux allures de crop-top. Le monologue touche à sa fin :

— « Puis l'illusion s'est détruite, et, trop désabusé… Désabusé… ! Suzon, Suzon, Suzon ! que tu me donnes de tourments !… J'entends marcher… on vient. Voici l'instant de la crise. »

Désabusé.

Voilà exactement comment je me sens. Fatigué de courir à la recherche de moi-même. Vidé par la sensation de ne l'être jamais vraiment. Usé de chercher l'amour, sans savoir vraiment quoi chercher. J'ai toujours l'impression d'être au bord d'un précipice, et qu'un instant fugace de bonheur ne serait que le retard d'une crise à venir.

La classe applaudit. Le talent de Maxime est évident. Estelle prend la parole :

— Bravo. Honnêtement je n'ai pas grand-chose à dire. On retravaillera évidemment des parties, pour que ta voix se pose, que tu prennes plus ton temps, mais…

Elle se tourne pour s'adresser à l'assemblée assise derrière elle.

— Vous savez, c'est exactement ça que j'attends de vous tout au long de l'année. Prendre un risque dans vos scènes comme pour vos cartes blanches. Vous noterez que Maxime est le seul à avoir choisi un monologue, avec une proposition franche et travaillée, et je ne parle pas de la chemise.

J'aime tellement les traits d'humour d'Estelle.

— En tant que professeure, ces textes, je les ai entendus cent fois, mais il n'y a rien qui m'émeut plus que de les redécouvrir avec vous. Parfois, j'ai l'impression de décrypter de nouveaux sens cachés, qui surgissent avec vos sentiments et votre vision. C'est fascinant, et c'est uniquement cette quête qui me fait me lever chaque matin, je vous le jure.

Sa prosodie frôle parfois celle de l'argot, avec un côté franchouillard qui nous met à l'aise. Estelle a le partage sincère.

— Je suis là pour vous aider à vous approprier les mots des autres, pour en faire les vôtres. Pour qu'ils expriment votre pensée. Pour ça, il faut suffisamment travailler vos répliques. Alors allez-y : essayez, amusez-vous, trompez-vous, tordez-les, essorez-les. N'essayez pas de jouer bien ou juste, comme les autres, mais comme vous-même. C'est ce qui fera la différence plus tard. Ceux qui prendront le risque de mettre leurs émotions et leur personnalité dans un texte. J'en ai marre de voir des comédiens qui sortent des Cours Florent jouer juste. Ça ne veut rien dire de jouer « juste ». S'il vous plaît, gardez bien ça en tête !

Après une pause, Estelle se retourne vers Maxime :

— Bon, et tu devrais t'inscrire au concours de la Classe libre, on continuera de travailler ton monologue, mais si tu n'es pas reçu au deuxième tour avec une telle proposition, j'arrête le métier.

Marvin se tourne vers moi discrètement :

— D'ailleurs, tu n'as pas le choix, cette année on s'inscrit tous les deux.

— Pour la Classe libre ?

— Oui, et tu seras ma réplique.

— Mais… tu es sûr ?

— Quoique, j'hésite à choisir Sébastien.

Sans réfléchir :

— Je suis à deux doigts d'être jaloux.

J'ai envie de me dire « ta gueule ». J'aurais dû tourner sept fois ma langue dans ma bouche, à défaut de la sienne.

— Jaloux de ? me relance Marvin.

La main dans le sac, comme Sarkozy chez Bettencourt, je change de sujet.

— Des pectoraux de Sébastien. Mais tu as raison, mise tout sur le physique pour ta scène, on s'en fout qu'il n'arrive pas à retenir trois répliques.

Échec et mat.

*

La Classe libre est sur toutes les lèvres. Dans l'école, chacun s'emploie à agencer au mieux la vitrine de lui-même. Les pronostics sont ouverts, et la cote de Marvin grandit à bruit de couloir. À la pause-clope, il est bon de faire perdurer des rumeurs entre les classes. Ainsi, untel aurait eu la Classe libre à seize ans ; un autre l'aurait eue un tirant avec un pistolet sur le plancher pour qu'on l'écoute ; un autre encore l'aurait eue en casant un « putain », se prenant les pieds dans ses alexandrins. Nous voici tous acteurs du joli stratagème de l'espoir, qui consisterait à croire tout ce à quoi pourrait s'accrocher notre destinée.

Marvin prend son portable.

Je saisis le mien.

On s'inscrit.

15

Le Théâtre Montparnasse est désert, propice aux mirages. Avec Marvin, nous sommes de fermeture. Je lui ai proposé une balade secrète. En ouvrant la porte des cintres, son regard s'émerveille. J'avance timidement sur la passerelle et lui fais signe de me suivre.

— Tu as le vertige ? me demande-t-il.

— De l'amour uniquement.

— Comment tu connais Bashung toi ?

— C'était le chanteur préféré de mon père. Ils sont morts la même année.

Ma compassion ne sait pas comment s'exprimer, il enchaîne :

— Tu es mignon quand tu es gêné.

Que la RATP ne s'excuse plus jamais pour la gêne occasionnée. Je tente maladroitement :

— Bienvenue dans les cintres.

Très doucement, comme si nous oscillions face au vide entre la peur et l'attraction, nous progressons sur la passerelle. Au fur et à mesure que nous approchons de la rambarde, Marvin agrippe mon avant-bras et le serre de plus en plus fort.

Le vide est à quelques centimètres. Comme en apesanteur, nous nous penchons de plus en plus. La scène se dévoile sous nos yeux et sous nos pieds. D'en haut, la servante ressemble à un simple point dans une immense galaxie. Je sens le regard de Marvin se poser sur moi. Mon cœur bat la chamade, et je ne sais plus très bien pourquoi. Compte tenu de notre proximité, je n'ose pas me retourner. Ses mains glissent délicatement de mes avant-bras jusqu'aux miennes. Alors je me retourne. Enfin. Ses yeux plongés dans les miens. Il s'approche. Ses lèvres commencent à caresser les miennes. Je descends dans son cou écouter l'écho du cœur. Mes mains saisissent son dos, avant de descendre pour y cueillir ses reins. Un instant, on pourrait croire que la lune embrasserait le soleil. Dans notre baiser secret se cache pour moi l'étincelante victoire du monde.

*

Je plonge ma main dans le pot et ouvre la loge de Marcel. Je n'ai jamais été aussi punk, il me pardonnera. Marvin me suit jusqu'au canapé où nous nous allongeons tous les deux. Le destin semble s'abandonner dans ses reins, et je lui céderais tout. Le sexe est la gymnastique de l'amour. J'ai bien fait de choisir acrosport au lycée. Marvin ne déroge pas à ma théorie préférée : la deuxième vie commence lorsqu'on découvre sa prostate. M'endormant peu à peu sur son torse, je sens son corps s'éveiller en sursaut :

— Baptiste ! T'es sûr que ce n'est pas risqué de s'endormir ici ?

Je n'ai aucune envie de céder au pragmatisme, mais il a raison. Des dernières forces qu'il me reste, je rassemble mes habits en même temps que mon corps. Mon sexe est défait, victorieux d'avoir touché le bonheur du bout des lèvres. Une fois n'est pas couture, il me manque une chaussette. Pendant que Marvin est aux toilettes, je ratisse sous le canapé.

Un dossier glisse sur la moquette. Pas très réveillé, et tout autant endormi, j'ouvre la pochette plastifiée pour regarder son contenu. La curiosité est le langage de la malice. Je lis dans ma tête la première feuille : « Compte rendu d'examens : Marcel André ». Le mot « examens » me rappelle mes bulletins scolaires. Je découvre tour à tour les mots « cancer métastatique », suivi de « type IV ». Je ne mets pas longtemps à comprendre ce qui attend Marcel, qui vient de décrocher la pire mention sur le bulletin de la mort. En témoignent les mots qui se refusent à lui, les escaliers semblant s'étirer sous ses pieds.

Je me dépêche de replacer le dossier sous le canapé. Je rassemble mes pensées pour arranger la loge dans l'état où nous l'avions trouvée. La mort est lâche pour se cacher derrière un canapé. J'ai fait l'amour, j'ai fait le mort. La nuit se ment.

*

Marvin me raccompagne en scooter. Sur le trajet, les frissons ne me quittent pas, d'un côté causés par la froideur de l'automne, de l'autre par la chaleur de son corps que j'enlace.

Boulevard Barbès, les plaques d'égout crachent dans la nuit les poumons du monde. Marvin s'arrête pour m'aider à ôter mon casque. Je profite de ce moment et m'avance en direction de ses lèvres. Mais il tourne la tête, récupère son scooter, et dans une normalité qui ne peut qu'être la sienne me lance :

— C'était très cool.

— Ouais. Merci pour ce moment…

— Ça va Valérie Trierweiler ?

Je souris bêtement, et le regarde partir sur cette blague. Le bitume absorbe la fumée rasante émise par le pot d'échappement de son scooter.

Sous ma couette, quand j'ai peur d'oublier un souvenir important à mes yeux, je ferme les paupières pour revivre le moment. Défilent alors son corps, ses yeux, ses mains. Ma confiance, murée dans un château de cartes, est apeurée de son seul souffle. Cette nuit n'était peut-être qu'une expérience dans le laboratoire de sa vie ? Je m'endors, là où le réel n'est qu'un songe en chemin. Après tout, les plus belles questions sont peut-être celles qu'on laisse sans réponse.

16

J'émerge parfois de ma chambre avec l'envie de manger le monde. D'autres fois, je rêve en secret qu'il m'engloutisse.

Aucune nouvelle de Marvin. Comme tout obsessionnel, j'écris en boucle des scénarios dans ma tête. Ils convergent tous vers la même fin : il ne doit plus vouloir de moi.

J'ai l'impression d'avoir trahi Marcel en lisant son dossier. Au théâtre, il vaut mieux parfois ne pas éclairer les zones d'ombre. J'essaie de ne pas considérer le sens des quelques mots surpris hier. Et me sens chanceux d'être ouvreur pour cette pièce, de la taille d'une révérence.

Aucun impératif en ce dimanche. Je lose sur le canapé quand mon père entre dans l'appartement. Comment le décrire ? Un homard revenu de l'Aquaboulevard.

— Papa ?! Qu'est-ce qui s'est passé ? Tu es tout rouge !

— J'ai fait une allergie au soleil…

— Mais quel soleil ? On est en novembre.

— C'est mon psy…

— Quoi ton psy ?

— Il m'a dit que j'étais en manque de vitamine C et qu'il fallait que je prenne un peu le soleil.

— Mais t'as fait quoi ?

— Je me suis fait une séance d'UV chez Point Soleil. À l'accueil on m'a dit que leur nouvelle machine ralentissait le vieillissement cellulaire…

— À ce rythme, on vendra bientôt des clopes en disant que ça ralentit le cancer.

— Je voulais juste avoir bonne mine… faire de la photosynthèse quoi.

— Sauf que t'es plus une plante maintenant.

Il se tord de douleur, puis se dirige vers la salle de bains en enlevant son tee-shirt. À le voir se tartiner de Biafine, la grasse matinée n'est pas terminée. Son psy a-t-il fait une école de médecine ou de boucherie ? Le chirurgien qui a refait ma tante avait dû lui aussi faire les deux.

— Je vais réfléchir un peu, marmonne mon père tout en s'installant sur le canapé.

Dans notre famille, on ne dit pas « faire la sieste », mais « réfléchir ». Évoquer la « famille » depuis qu'« elle » est partie me laisse toujours perplexe. La nommer, c'est reconnaître que tout cela a existé. Je ne suis pas prêt maintenant.

Je m'en souviens comme si c'était hier. Nous habitions dans le treizième arrondissement. Mes parents s'employaient d'ailleurs à vanter les mérites de notre quartier à chaque occasion : « Non mais je te jure, depuis qu'on est dans le treizième, on n'a pas l'impression d'être à Paris. Quand je rentre tous les soirs, je retrouve mon petit village. C'est si calme et paisible. La campagne à Paris. » Pourtant, à voir les immenses tours qui fleurissent sur des champs de béton, le treizième n'a rien d'une campagne, ou alors une campagne aussi jolie que celle de Zemmour.

Dans ma chambre, j'ai pourtant enfoui les secrets de mon enfance. Un soir de juillet – je m'en souviens encore, j'avais eu du mal à contempler la beauté des coccinelles qui se posent sur les draps d'une canicule épaisse – mes parents dînaient tandis que je les espionnais discrètement par l'entrebâillement de la porte entre ma chambre et le salon. À vrai dire, je m'endormais presque sur la moquette quand soudain, des mots trop hauts pour un enfant s'élevèrent. Les éclats étaient tels que ma peur s'était muée en larmes. « Elle » hurlait, et j'avais peur pour mon père.

Je savais que le volcan se réveillait, et qu'il faudrait bientôt fuir. Les coccinelles portent chance. Entre deux reproches, elle prononça le mot : « Divorce ».

De mes yeux d'enfant, je le savais, plus rien ne serait comme avant. Je n'ai pas dormi de la nuit, terrifié à l'idée de rester seul avec « elle ». Le lendemain, « elle » fit ses valises :

— Je pars en voyage pour le travail, mais tu vas rester avec papa.

Elle doit frôler le *burn out* depuis toutes ces années où elle a disparu. Nous avons vite déménagé, regardant enfin l'avenir dans les yeux. Chez nous fut désormais chez nous.

Pour régler les factures d'eau et d'électricité de notre nouvel appartement, mon père n'a eu d'autre solution que de trouver des petits boulots, qui à mes yeux faisaient de lui un grand. Après avoir lu un livre, il postula au musée du Louvre pour être surveillant de salle. Après tout, pensa-t-il, une chaise avait la même utilité qu'un canapé. Il avait la position assise redoutable. Tout aussi statique sur l'un que sur l'autre, on ne sut plus très bien s'il s'agissait d'une statue ou d'un surveillant. Mais le dieu grec fut bien obligé de démissionner après quelques semaines pour cause d'escarres aux fesses. Une histoire de cul. Quelques jours plus tard, il postula dans un magasin de glisse pour un poste de vendeur au rayon rollers. Il mentit, et aussi surprenant que cela puisse paraître, fut engagé. Sur ses rollers comme un surfeur sur le web, il rentra un soir à l'appartement en béquilles. Il est des malheurs heureux : cet incident fut classé comme « de travail », et mon père reçut suffisamment d'indemnités pour se laisser tomber sur le canapé, et se rouler en boule. Depuis, mon père a un mal de dos chronique, lumbago héréditaire.

Partant donc « réfléchir » dans sa chambre, mon père hurle dans ma direction comme un futur client d'Audika :

— Tu savais qu'Akim est turc ?

Je comprends qu'en Akim mon père a trouvé un ami. Décidément, les costumes de ce dernier n'ont pas de prix.

— Oui ?

Un silence traverse la porte.

— Il m'a proposé de l'accompagner en Turquie pour les vacances de Noël.

— Mais avec quel argent ?

— Je t'expliquerai. Bref, c'est la première fois depuis dix ans qu'il va retrouver son fils. Et je me suis dit que je pourrais en profiter pour…

Deuxième silence.

— Bon papa… crache le morceau.

— Pour me faire opérer et arrêter de me battre avec ma calvitie.

Mon père non plus n'est plus parti depuis dix ans, contrairement à ses cheveux qui démissionnent les uns après les autres.

— C'est une super idée. Ça te changera les idées.

Au même moment, mon téléphone vibre.

Message de Marvin : « Je suis désolé Baptiste, mais je préfère qu'on oublie ce qui s'est passé hier. T'es trop intense pour moi. »

17

Trop peur de le revoir. Là, sur-le-champ, j'aimerais fuir mon présent comme un déserteur de ma propre vie. Je m'installe rapidement dans la classe. Marvin ne m'adresse aucun regard. Estelle s'adresse à nous :

— Bon. Je sais que la plupart d'entre vous se présentent au premier tour de la Classe libre...

En entendant « Classe libre », les corps se repositionnent sur les chaises comme des pilotes sur le départ. Je reste bien affalé sur ma chaise.

— Faites attention. Je vous rappelle que vous êtes encore en première année, il n'y a rien de plus subjectif qu'un concours.

— Quatre-vingt-dix-euros, répond Sébastien.

— Tu as bien fait de me couper. Peut-être que le prix d'inscription te donnera envie de te sortir les doigts du cul.

Elle l'assèche comme un boxeur sous stéroïdes, puis enchaîne de sa bonhomie légendaire :

— Je sais que pour certains qui galèrent à enchaîner les petits boulots, cette classe pourrait changer les choses. Mais s'il vous plaît : prenez ce concours comme un exercice et travaillez collectivement. Avoir le deuxième tour ne veut pas dire que vous êtes meilleur acteur qu'un autre. Certains élèves sortent de la Classe libre, voire même du Conservatoire, sans faire carrière ensuite. Ce métier est un marathon, vous êtes à peine en train de vous échauffer.

Aucune réaction dans la classe.

— Je vous sens mous du genou aujourd'hui, alors on va commencer par un exercice d'impro. Deux personnes au plateau s'il vous plaît.

Marvin lève la main et fonce sur le plateau. Toujours sans croiser mon regard. Son silence est cruel. Je pensais jouer un rôle important dans sa vie, je comprends que j'en suis figurant. Camille le rejoint sur scène.

— Alors, on va dire que vous êtes amoureux l'un de l'autre…

Génial. Hâte de voir ça. C'est tout ce dont j'avais besoin. Merci la vie.

— … mais que vous avez trop d'*ego* pour vous l'avouer. Alors Marvin, tu te mets à draguer la sœur de Camille pour la rendre jalouse. Camille, toi, tu arrives sur scène et tu viens de l'apprendre.

— On est d'accord qu'on est dans le Nord là non ?

La classe pourrait chialer de rire, et moi chialer tout court. Camille prend quelques secondes de réflexion avant de commencer son improvisation. Elle s'installe sur une chaise, à côté de celle de Marvin, silencieuse. Lui non plus ne dit rien. On se croirait dans les cintres, qui portent désormais à jamais notre premier baiser. Un malaise est palpable, et comme deux enfants qui n'oseraient pas se dire je t'aime, Camille craque :

— C'était bien ?

— Quoi ?

— Le bowling hier, c'était bien ?

Marvin a deux solutions : la suivre dans l'idée qu'il était au bowling la veille, où proposer un autre axe. L'improvisation est un algorithme qui se codifie au présent. Il opte pour la première option.

— Oui… même si j'ai perdu. Mais c'est à cause des chaussures, ils n'avaient plus ma taille !

— Je t'ai vu hier soir.

— Comment ça ?

— Je t'ai vu en boîte avec elle hier soir.

— Avec qui ? J'étais au bowling tu viens de le dire !

— Cesse de me prendre pour une conne. Si tu veux la baiser fais-le, mais cesse de jouer avec mes sentiments.

Mon cœur est dans chacun de ces mots.

— Je ne vois pas de quoi tu parles Camille ?

— Parce que t'es aussi lâche que ça ? Pauvre merde !

Camille est criante de vérité. Et celle de Marvin semble hurler de mensonge. Estelle intervient :

— N'oubliez pas que vous vous aimez. Et que toi, Marvin, tu as fait ça uniquement pour qu'elle t'avoue ses sentiments.

Marvin enchaîne :

— Je suis désolé Camille… J'aurais dû te le dire plus tôt. Mais mon courage se battait avec ma peur. Et tu sais qui gagnait ? Cette putain de peur de ne pas être à la hauteur.

Il a les larmes aux yeux. Connard. Trop facile. Est-ce possible de haïr d'amour ?

— T'es vraiment qu'une pauvre merde.

— De ne pas être à ta hauteur.

Camille comprend où il veut en venir. Son corps recule de quelques centimètres sur sa chaise pour mieux prendre la mesure de sa déclaration. On sent qu'ils pataugent, mais Estelle les encourage : « Continuez c'est super ! »

— Pourquoi tu ne me l'as pas dit avant ? enchaîne Camille.

— Je crois que depuis que mon père est mort, j'ai un peu peur d'aimer...

Il pleure comme un enfant.

— Il faut danser.

— Quoi ?

— Quand on aime mais qu'on a peur, il faut danser ensemble.

— Mais je pleure là...

— Alors il faut danser sous la pluie.

Cette improvisation de Camille fait mouche. Elle tend sa main pour l'inviter à danser. Il la saisit, avant de l'attirer contre lui. Je regarde furtivement mes camarades. Les sourires invitent les larmes à danser sous nos yeux.

Ils s'embrassent. Longtemps. Avec la langue.

— Attends..., reprend Marvin.

— Quoi ?

— Non, c'est juste que...

— Quoi ?

— J'ai très envie d'aller aux toilettes.

— Ah… Euh… Ben, vas-y.

Avec son culot légendaire, il ouvre la porte et file. Marvin est au stade de non-retour. Faire rire en tant qu'acteur de sa simple absence est un exploit qui mérite d'être conté. Camille se retrouve seule face à nous, scotchée sur scène, attendant que son prince charmant tire la chasse. Estelle l'encourage :

— Continue à jouer. Ne sors pas de l'impro.

Alors elle prend son téléphone, et la situation bascule davantage :

— Ouais Germaine. Il est parti. C'est bon tu peux me rejoindre.

Mais Germaine ne bouge pas, semblant ne pas être au courant que son nom ne peut appeler personne d'autre qu'elle à monter sur scène. Elle est la preuve vivante que si on ne choisit pas sa famille, on ne choisit pas son prénom non plus. Estelle la ramène à ses papiers d'identité :

— Germaine ! Camille t'invite sur scène. Vas-y !

Germaine se lève enfin, et pour mieux cacher sa gêne qui accompagne chacune de ses entrées en scène, elle rigole. Son corps s'articule comme une marionnette dont on ne sait qui tient les fils. Elle entre à son tour dans l'improvisation :

— Coucou, tu m'as appelée ?

— Oui. Tu m'as bien dit qu'avant-hier en boîte, Marvin avait essayé de t'embrasser non ?

— Euh… Oui.

Germaine a l'air d'avoir dormi pendant l'impro. Mais Camille la ramène à elle, véritable assistante sociale du groupe.

— Il t'a dit autre chose ?

Germaine est enfin frappée d'une évidence :

— Qu'il voulait trois enfants avec moi. Et un labrador, qui s'appellerait Médor.

— Quel prénom de merde.

— Je ne peux pas dire grand-chose avec le mien.

Je me sens toujours chanceux en cours, lorsqu'un élève se découvre à mesure qu'il se dévoile sous mes yeux. L'autodérision dont fait preuve Germaine est un deuxième pas sur le chemin du jeu. Quelques applaudissements l'encouragent, Marvin revient dans la salle.

— Germaine ! qu'est-ce que tu fais ici ?

Elle fait semblant de pleurer, ce qui contraste avec le réalisme dans lequel nous étions plongés jusqu'alors.

— Non ! Germaine. Ne fais pas semblant. Si tu ne sais pas quoi dire, joue avec ça ! se permet d'intervenir Estelle dans la mécanique de l'impro.

Germaine, démunie, se mure alors dans le silence. Si bien qu'on ne sait pas si c'est la phrase de Marvin qui l'a vexée ou celle d'Estelle. Soudain un cri, venu du plus profond de son âme, fait trembler les murs.

— VOUS ÊTES TOUS PAREILS LES MECS. DES PETITES MERDES SANS COUILLES.

La classe est hilare. Baudelaire s'est retourné dans sa tombe. Et Germaine est retournée s'asseoir sur sa chaise, heureuse de son effet.

La classe redescend de cet ascenseur émotionnel, et les rires se confondent aux applaudissements. Estelle met fin à l'impro :

— Je crois que vous avez senti tous les deux que vous étiez au bon endroit. Que ce soit dans le Nord ou dans le Sud, n'est-ce pas Marvin ?

Estelle est bien plus fine que nous tous réunis.

— Vous savez, les enjeux que je vous ai donnés, c'est exactement ce qu'il se passe dans *On ne badine pas avec l'amour* de Musset. Sauf que les deux personnages s'appellent Camille et Perdican. Camille, je crois que tu as trouvé un super Perdican. Vous devriez réfléchir à passer une scène de la pièce pour le concours de la Classe libre. Et il y a un des plus beaux monologues de l'histoire du théâtre à l'intérieur.

Lisez-le, je vous défie de ne pas tomber amoureux après.

La Biafine ne suffirait pas à panser le regard brûlant de Marvin sur Camille.

Brûlé à vif.

18

La pause. On mesure l'anxiété d'un fumeur à la durée de ses cigarettes. Devant les Cours Florent, je fais semblant de guetter l'ennui. Marvin sort et s'approche. Je rassemble le peu d'amour-propre qu'il me reste et lance :

— Ça va ?

Quel courage. Quel panache. Bravo à moi d'être toujours aussi inspiré.

— Oui. Je voulais juste te demander si ça te dérange que je me mette avec Camille finalement ?

Chaque mot est une flèche en plein cœur. Ma voix est tremblante, mon monde vacille sous mes pieds.

— Mais... je... Qu'est-ce qui s'est passé depuis les cintres ?

— Arrête Baptiste. Il ne s'est rien passé dans les cintres.

Il ne m'a jamais parlé de cette manière. Je tombe de mille étages. Ma clope jetée à la volée, je me précipite dans la salle récupérer mon sac. Je dis à Estelle que je ne me sens pas bien et je sors.

Courir. Pleurer. Fuir.

Je marche, hagard, sans écouteurs et sans musique. La cacophonie de la ville fait écho à la mienne. Sur le chemin, je n'ai rien d'autre de mieux à faire que de penser à lui. La tristesse a parfois nulle part où aller.

Dans le métro, mes oreilles font l'amour avec Ben Mazué quand je vois le nom de Marvin s'afficher sur mon portable : « Désolé pour tout à l'heure… On peut quand même se parler ce soir ? » Mon cœur fait les montagnes russes, et le métro prend des allures de Space Mountain.

Je ne suis allé qu'une fois à Disneyland. C'était avec mon père. Grâce à ce qu'il restait de l'héritage de mon grand-père, il avait songé que cette visite nous permettrait de pâlir un temps les murs grisâtres de notre vie. Une fois au parc, la mission était réussie. On ne pouvait distinguer le parent de l'enfant. Si bien qu'un court instant j'ai vu que mon père avait été un fils.

C'était juste avant l'été. Je portais les sandales bleu et noir, trop grandes pour mes petits pieds, que mon père avait dérobées dans un magasin. En même temps, qui aurait pu les acheter, si ce n'est un prêtre aveugle ? Alors que ces sandales emprisonnaient mes pieds dans la honte, nous nous sommes présentés dans la file d'attente de Space Mountain.

Une employée du parc était chargée de vérifier à l'aide d'un stadiomètre la taille de chaque enfant. À la louche, j'en étais loin. Je n'arrivais pas à cacher ma déception.

— Tu es sûr que tu as envie de faire l'attraction mon poisson rouge ?

— Sûr papa.

C'est ce jour-là que j'appris la fameuse technique. Mon père a sorti de son sac deux paquets de mouchoirs jetables :

— Mais papa ! Je suis en sandales...

— Ah... alors tu ne dis rien, mon fils. Tu fais comme si de rien n'était et tu me laisses faire d'accord ?

Je craignais le pire, venant du meilleur. Une fois au contrôle de l'attraction, la personne chargée du stadiomètre demanda une vérification de ma taille. Et alors que j'obtempérais, mon père lança, confiant :

— *Gluten Morgen.*

Ça commençait très bien.

— *Scheiße Hubert und Baptiste.*

Un enfer.

— *Ich freue mich sehr, hier zu sein.*

Je n'ai jamais su si l'employée nous a laissés passer pour éviter le supplice d'entendre mon père écorcher la langue germanique, ou si elle a vraiment vérifié ma taille. Il n'empêche que nous nous sommes retrouvés dans la queue, et qu'on a ri.

— Mais papa pourquoi tu t'es fait passer pour un Allemand ?

— J'ai essayé de la distraire pour qu'elle n'ait pas le temps de regarder tes sandales. Bon, en revanche je ne suis pas sûr de ce que j'ai dit. J'étais tellement nul en allemand que ma professeure m'avait demandé de changer de langue pour « le bien de la classe ».

C'est un des seuls moments heureux dont je me souvienne, tant voir mon père sourire était rare et précieux à l'époque. Merci aux mouchoirs de m'avoir ouvert les portes de ce bonheur fugace.

Dans l'attraction, mon père a insisté pour être aux premières loges.

— Tu vas voir mon fils, on ressent encore plus l'adrénaline.

J'ai eu l'impression d'attendre un train pour la mort.

— J'ai peur papa.

— Tu me fais confiance ?

— Oui, mais…

— Tu prends ma main, et dès que tu as peur, tu appuies de toutes tes forces, d'accord ?

Mon père est devenu Jamel Debbouze.

En sortant de l'attraction, j'ai crié :

— PAPA !

— Quoi mon fils ?

— J'ai perdu ma sandale dans l'attraction…

Mes pieds étaient condamnés à patauger dans la honte. Nous nous sommes précipités dans l'un des magasins de souvenirs qui pullulent dans le parc. Mon père a vendu un rein pour m'offrir une paire de chaussures à l'effigie de Mickey. Mes pieds étaient libres.

Au-dessus de mon bureau trône toujours la photo de Mickey avec mon père et moi. Nous n'avions jamais été aussi heureux.

*

J'arrive au théâtre quand Fred m'interpelle devant la billetterie :

— Baptiste ! On n'a pas trop eu l'occasion de se parler à la fête de la centième... mais j'ai croisé Marcel qui sortait de son taxi, il m'a dit qu'il t'attendait dans sa loge. Il a une surprise pour toi.

Mes oreilles n'arrivent toujours pas à considérer son nom et le mien dans une même phrase.

Je toque fébrilement à la porte de sa loge :

— Qui est-ce ?

— Euh... Baptiste.

— Oh ! Baptiste ! Entre !

Il m'accueille sans bouger de son canapé. Cette fois-ci, il porte déjà son costume de scène, comme s'il était pressé d'en finir.

— Comment vas-tu ?

— Très bien et vous ?

— Très mal quand tu me vouvoies, et encore pire quand tu n'as pas d'écharpe.

Je m'installe dans un fauteuil sans y avoir été invité. Un brin de fierté s'est posé dans ses yeux. Pour dire, je ne comprends toujours pas les raisons de ma venue. Ni ce qu'un grand comédien comme lui peu trouver à un petit comédien comme moi. Peut-être qu'il se souvient simplement de l'avoir été lui aussi.

— Tu sais j'ai repensé à notre discussion de la dernière fois…

— Laquelle ?

— Justement… je ne sais plus très bien.

Je n'ose pas intervenir, je ne sais pas comment réagir. Il continue :

— Mais je me souviens que tu passes un concours. Il faut le préparer sérieusement. Et je voulais te dire que je serais ravi de t'aider à le préparer, si tu le souhaites.

— Oui. Mais je…

— C'est quand ?

— Début janvier.

— Rendez-vous chez moi demain.

J'ai du mal à faire confiance. Quand « elle » changeait de visage, je montais les coudes pour protéger le mien. « Elle » me promettait qu'elle ne me frapperait pas. Comme un boxeur amnésique, je baissais la garde, avant d'être surpris par ses mains quelques minutes plus tard. Depuis, je suis persuadé que chaque personne qui m'aime me fera souffrir.

Voyant que je peine à y croire, il poursuit :

— Tu as du mal à te faire confiance, pas vrai ?

— Oui…

— C'est tout à fait normal.

Il se penche délicatement vers moi.

— Tu sais, il m'arrive encore de penser que je suis un imposteur. Et que le public finira par le découvrir. Soixante-quinze ans plus tard, tu te rends compte ?

— Mieux vaut tard que jamais.

Il se lève difficilement avant de rejoindre son bureau, sur lequel est amassée une pile de livres. Il en saisit un, l'ouvre, et écrit avec son stylo-plume.

Il me tend l'exemplaire, j'en découvre le titre : *Le roi se meurt* d'Eugène Ionesco. Suivi de ces mots sur la première page :

134, rue d'Assas,

75006, Paris.

Interphone André

10h

Le destin est rieur. Mais les rois ne meurent jamais.

19

Les poumons en bandoulière, j'arrive à l'étage de nos vestiaires. Cette entrevue avec Marcel m'a permis de retrouver un peu de confiance. Marvin patiente à la porte, il vient à ma rencontre.

— Je voulais juste te dire que je suis désolé pour tout à l'heure. J'étais gêné.

— Gêné de quoi ?

— De faire ça devant tout le monde.

Il m'embrasse sans sourciller. Chloé sort des vestiaires au même moment et saute de joie :

— Mais non ? Putain je le savais. Je serai la marraine hein ?

Ça fait du bien d'être réunis. Marvin me regarde tendrement, et je lui rends la pareille.

Au bar d'en face, on attend avec Chloé que Colette et Marvin finissent la fermeture pour mieux fêter nos grands départs. Comme chaque soir, des dizaines d'admirateurs attendent Marcel à la sortie du théâtre. On les regarde préparer leurs appareils photo, prêts à les dégainer au moindre mouvement de l'entrée des artistes. Les yeux rieurs de Marcel ne tardent pas à apparaître, percés dans l'ombre par le ballet incessant des flashs qui crépitent. Pour un claustrophobe, mieux vaut ne pas être connu. La foule s'amasse autour de lui. Il prend le temps de signer quelques autographes, de poser pour quelques photos arrachées, malgré sa fatigue évidente. Emporté par la foule, au moment de s'engouffrer dans son taxi comme dans un refuge qui lui tendrait les bras, son regard croise le mien. Il passe sa main autour du cou et me mime une écharpe que l'on noue, rieur, avant de disparaître sous la carlingue.

— Attends, c'était quoi ce geste ? demande Chloé.

— Je t'expliquerai...

— Tu as trois secondes pour le faire.

— Bon... il m'a proposé de m'aider à préparer la Classe libre.

— Mais quoi ?

— Chut ! ça reste entre nous, je ne l'ai pas encore dit à Marvin, on était censés préparer la Classe libre ensemble.

— Tu t'en fous de Marvin ! Fonce.

— Mais il y a forcément une douille...

— Quelle douille ?

— Je ne sais pas... un vieux qui propose à un jeune de venir répéter chez lui ?

— Vas-y, ne réfléchis pas, et si tu sens un truc bizarre tu te casses et tu m'appelles.

— Tu viendras me sauver ?

— J'ai fait du karaté en club... d'ailleurs tu sais qu'après avoir couché ensemble, enfin « coucher », c'est un grand mot...

J'ai peur de la suite.

— Tu as voulu qu'on fasse du karaté sur mon lit.

— Mais non ?

— Je t'ai couché en deux secondes.

— Ton lit était très confortable d'ailleurs.

J'enchaîne :

— On n'en a jamais parlé, mais c'est quoi cet appartement de fou ?

— Le fou c'est mon père... Je n'invite jamais personne chez moi.

— Pourquoi ?

— J'ai un peu honte de lui. Je ne comprends pas son envie de pouvoir et d'argent. Quand je lui dis qu'avec ses milliards il pourrait sauver la faim dans le monde, il me traite de « wokiste ».

— Chacun son combat.

— Redis ça une fois, et ça part en deuxième round de karaté.

On regarde au loin les fans sur le trottoir, ils attendent certainement la sortie des autres comédiens pour agrémenter leur album Panini du théâtre. Ils vérifient leurs photos avec Marcel, les comparent entre eux, comme si son sourire était un indice de son amour pour eux. Une femme, téléphone à la main, vocifère sur son mari : « Mais t'as pas mis le flash putain ! On ne sait pas si c'est Marcel André ou Jean Lassalle. » C'est évident : son mari est gauche.

Elle n'a pas le temps de continuer ses retours artistiques que la foule se tourne à l'unisson vers l'entrée des artistes : « C'est Raymond ! Raymonnnnd. »

Raymond Quenaud arrive, bien plus amusé que son camarade de scène. Il enchaîne les sourires et les grimaces, sous les regards ravis de ses admirateurs.

— Putain y a pas à dire l'alcool, ça désinhibe.

— Tu sais qu'il a arrêté ? me surprend Chloé.

Il y a quelques semaines, Raymond a reçu une lettre anonyme dans sa loge, avec ces lignes :

« J'étais au premier rang ce soir, et l'odeur d'alcool se dégageant de votre haleine est venue infecter la mienne. Ma femme était enceinte, merci de bien vouloir respecter votre public. » Un deuxième courrier a suivi : « Étant de véritables admirateurs du théâtre et face au génie de Molière, nous n'avons eu d'autre choix que de revenir dans la salle ce mardi. Nous serons au premier rang, ma femme, mon revolver et moi. Si l'odeur d'alcool nous revient au nez, je tire. » Ce soir-là, Raymond n'a pas bu et a pris rendez-vous chez un addictologue à soixante-quinze ans. À la fin de la représentation, Marcel est venu trouver Raymond dans sa loge pour lui remettre une lettre : « Quand je t'ai vu sur scène à deux doigts de t'écrouler la dernière fois, je me suis dit que c'était le moment. Je serai là pour te relever si tu tombes, à condition que tu veuilles t'en sortir. » Marcel écrivait les missives. Il n'est jamais trop tard pour aider un ami.

Marvin et Colette nous rejoignent.

— Bon, on va en boîte les jeunes ? propose Colette.

— C'est une sortie d'Ehpad ? ironise Marvin.

— Tu as intérêt à savoir danser le rock pour dire ça.

— Prépare-toi au porté de *Dirty Dancing*, enchaîne-t-il.

J'ai failli m'étouffer avec mon verre. Les auxiliaires de vie sont de sortie, pour mieux entrer dans la danse.

20

Rue Princesse, dans le seizième arrondissement de Paris où elles sembleraient toutes nées, on se pointe *Chez Castel*. Ici, les robes pailletées et les costumes-cravates sont l'uniforme parfait du noctambule qui se respecte. À l'entrée, Marvin nous précède :

— Bonjour, ce serait pour aller danser s'il vous plaît. On est quatre.

— Désolée ça ne va pas être possible. Mettez-vous sur le côté.

Si les cordonniers sont les plus mal chaussés, que dire des physionomistes ? Celle de *Castel* porte une casquette de marin avec un immense manteau léopard, sans parler de son pantalon en cuir et de ses bottines en zèbre. On dirait une braconnière. Soudain, Colette sort du groupe et s'avance vers elle :

— Cathy ?

— Colette ! Qu'est-ce que tu fais ici ? Je croyais que tu te reposais ?

— Je voulais me changer les idées.

Cathy nous fait signe d'entrer, quand Marvin la défie du regard.

— Continue à me regarder comme ça et je t'empoisonne, achève Cathy.

Bienvenue *Chez Castel*.

À l'intérieur, on suit Colette qui connaît l'endroit comme sa poche. Au bar, elle monte la voix :

— Jérémy ! Tu nous mets quatre kirs royaux s'il te plaît ?

Surprenant nos regards ahuris :

— Je faisais la fête ici que vous n'étiez pas nés !

Elle pose sa carte bleue sur le terminal bancaire sans regarder le montant.

Sur la piste, nous dansons comme si demain en dépendait. Chloé et Colette forment un beau duo, leur ballet semble traverser les époques, avec un penchant pour celle où l'on jouait du piano debout devant la groupie du pianiste.

D'un seul coup d'œil, Marvin m'invite à danser. On se rapproche, il se recule, puis lance avec son pied sa chaussure en l'air, qu'il rattrape avec sa main pour la porter à l'oreille et mimer un coup de fil. D'un petit reste de rien, il ferait des bouts de tout. Mon cœur bat la chamade, mes éclats de rire battent la mesure.

On s'embrasse. Marvin me regarde, avec des yeux que je ne lui avais jamais vu porter.

— Je ne sais pas pourquoi... avec toi, je n'ai plus peur, me confie-t-il.

Tout est plus simple maintenant.

*

Si je devais écrire mon état d'ébriété à cet instant, j'écrirais lijhzpiuva. Je me limiterai donc à l'expression : rond comme une queue de pelle. Devant une Colette déchaînée, Jérémy nous a offert shot sur shot. Elle vit sa meilleure vie. Faut-il rencontrer la mort de près pour mieux aimer la vie ?

Marcel me vient à l'esprit et cette pensée me fait décuver en un quart de seconde : j'ai oublié le rendez-vous du lendemain. Panique générale. Je vais voir Marvin en vitesse :

— Putain, faut que je me casse. J'ai rendez-vous demain matin super tôt. On rentre ensemble ?

— D'accord ! On se voit quand même pour préparer notre scène de la Classe libre ?

— Justement, je t'expliquerai, mais Marcel André m'a proposé de m'aider...

— Quoi ?

— J'ai rendez-vous chez lui à dix heures. Et vu que tu m'as dit que tu voulais te mettre avec Camille...

Son visage se déforme du masque de la haine. Sa mâchoire prognathe me menace désormais.

— Tu comptais me le dire quand ?

— Il m'a proposé ça tout à l'heure et je voulais t'en parler...

— Donc tu me promets des choses que tu ne tiens pas ?

— Mais c'est pas du tout ça c'est juste que...

— Vas-y casse-toi.

Marvin repart danser comme si de rien n'était. Mes larmes remontent, son comportement ne fait qu'invoquer ma peur de l'abandon. Avec ma mémoire de poisson rouge, je retourne vers lui.

— T'es sérieux ?

— Toi, t'es sérieux ?

— Mais qu'est-ce que j'ai fait de mal ?

— Rien du tout. Retourne travailler avec Marcel André, tout ça pour qu'il te baise.

Psychologiquement je suis à terre, alors je rampe jusqu'à la sortie. Sa dernière phrase a fait l'effet d'une bombe. L'alcool suffit à embraser le feu de mes pensées. Et s'il avait raison ? À l'extérieur, Colette discute avec Cathy. Elle me voit, livide :

— Qu'est-ce qui s'est passé mon petit ?

— Rien Colette. T'inquiète.

— C'est Marvin ?

Comment a-t-elle deviné ?

— Tu sais, ce n'est pas à une vieille pie qu'on apprend à faire la grimace.

Il me reste un fond de repartie sauce vinaigre :

— Tu es sûre de ton expression ?

— Fais attention à toi, mon garçon. Il est des gens qui aiment la lumière, et qui seraient prêts à tout pour la trouver. Comme par hasard après avoir appris que le père de Chloé avait de l'argent, Marvin a voulu se mettre en couple avec elle. Depuis qu'il est engagé au théâtre, il essaie de gratter l'amitié avec les comédiens comme on gratterait une clope à cinq heures du matin.

— Ces gens-là il faut les fuir comme la peste. Ils préféreraient mourir que de se regarder dans une glace, enchaîne Cathy.

Elles ont certainement raison. Merci Catherine & Liliane.

21

Pas très frais de la veille, l'interphone de Marcel pourrait refuser de me parler d'aussi près.

« Premier ascenseur à gauche. Dernier étage. »

Dans le hall, je contemple mon visage couleur fatigue que reflète un miroir peu élogieux. Pas dormi de la nuit. Les phrases de Marvin ont tourné en boucle dans ma tête, comme des poignards jetés à bout portant. Arrivé au dernier étage, Marcel m'accueille en pantoufles, visiblement surpris de me voir ici.

— Baptiste ?

— Oui ?

— Qu'est-ce que tu fais ici ?

— C'est toi qui m'as donné rendez-vous.

Je le sens perdu, j'hésite entre partir ou rester.

— Ah oui bien sûr, pardon !

Je pénètre dans l'appartement, sans vraiment m'y sentir invité. Dans l'entrée, une commode en bois, sur laquelle trônent des photos de famille, des livres en pagaille et des tas de lettres. Le désordre semble habiter son appartement comme sa tête. J'arrive dans l'immense double salon, dont la luminosité révèle l'éclat du parquet en point de Hongrie. Le plafond est brodé de moulures, et les murs ont la couleur du temps : un blanc vieilli par les souvenirs. Deux immenses canapés dont le cuir craquelle se font face. Je découvre une énorme armoire sur laquelle sont posés cinq molières. C'est la première fois que j'en vois en vrai. Ça me fait bizarre. Lorsqu'il était encore vivant, nous regardions la cérémonie avec mon grand-père. Je l'avais vu bondir de joie, les larmes aux yeux en voyant Marcel couronné. Le molière reçu ce soir-là est devant moi, alors d'une certaine manière, mon grand-père l'est aussi.

De l'autre côté du salon, une immense table de ferme remplit l'espace, entourée de dix chaises toutes différentes. Partout, des affiches de théâtre encadrées dans un désordre qui me rappelle le bureau de Madeleine. Marcel s'assoit :

— Tu attends que je t'invite à t'asseoir ?

— Oui…

— Alors tu peux toujours rester debout !

Je m'assois, suivi par son petit sourire satisfait.

— Je ne te propose pas de boire quelque chose ? me lance Marcel.

— Comment ça ?

— Tu empestes l'alcool. Je suis punk, mais je ne rigole pas avec ça. J'ai vu trop de copains tomber. Alors quand on répète ensemble, je te prie de bien vouloir te présenter sobre. Et j'en profite : dix heures deux, ce n'est pas dix heures. On s'est compris ?

J'acquiesce, repensant à ses lettres envoyées à Raymond. Il a peut-être raison : être punk aujourd'hui, c'est être à l'heure de la sobriété.

— Bon, il nous reste huit semaines avant le concours, enchaîne-t-il.

— Non, je me présente au cours de la première semaine de janvier. On est le 1er décembre.

— Oui, c'est ça. Huit semaines.

Je n'ose pas le reprendre. Je sais qu'il divague et que son bateau prend l'eau. Il lance :

— C'est parti pour la première leçon.

Il se plonge soudainement dans un silence intense, tout en continuant de me fixer. Mal à l'aise, je ne sais pas ce qu'il attend de moi, alors je souris, comme souvent.

— Tu es gêné Baptiste ?

— Un peu…

— Tu sais ce qui est le plus difficile à interpréter au théâtre ?

— Non…

— Le silence.

Il en joue, avant de poursuivre :

— La plupart des jeunes acteurs le redoutent, ils essaient de le combler à tout prix. Il faut apprendre à les remplir. Un silence, c'est l'expression d'une pensée qu'il faut construire en amont.

— On peut travailler la pensée ?

— Bien sûr ! À chaque pièce que tu commences à travailler, il faut la relire des dizaines et des dizaines de fois. Comprendre les enjeux, les sens, et laisser ton imagination parler. Tu vas te mettre à construire l'univers de ton personnage, à le rêver, à aller plus loin que le texte. Et quand tu joueras, la pensée du personnage se confondra dans la tienne.

Marcel se relève du canapé :

— Même au cinéma, François Cluzet raconte qu'avant ses tournages, il passe des heures à supprimer du scénario certaines répliques, qui pourraient s'exprimer dans un regard. Un silence vaut parfois beaucoup plus que les mots. Il plonge le spectateur dans le mystère du sentiment. On va travailler ça aujourd'hui. C'est le plus important.

Le silence, c'est la pensée en chemin.

*

Marcel m'a demandé de choisir un texte de théâtre classique. Sans aucune hésitation, j'ai choisi le monologue de *Cyrano de Bergerac*. Une fois à la maison, j'essaie de l'apprendre par cœur en vain. Ma mémoire est anesthésiée par Marvin. J'en viens à vouloir m'excuser. Au fond, j'aurais peut-être dû le prévenir. Allongé sur mon lit, je serais capable de pleurer par le cœur. Soudain, je repense à Cyrano. À mon grand-père. À l'envie d'être aimé comme je suis, pour qui je suis. En regardant mon téléphone, je suis surpris de voir le nom de Sophie m'annoncer une bonne nouvelle : « Pas de représentation ce soir. Pauline a fait un malaise. On annule. » Alors, sans réfléchir, je prends mon courage d'une main, mon téléphone dans l'autre, et me décide à appeler Marvin. Ça sonne. Il décroche.

— Allô ?

— Je vais te mâcher le travail, je préfère qu'on arrête. Le chaud-froid je connais, et j'en ai assez souffert pour ne plus vouloir qu'on joue avec moi.

Marvin laisse quelques secondes de blanc avant de répondre :

— Si tu réagissais comme ça avec ta mère, tu m'étonnes qu'elle t'ait frappé.

Aucun mot ne sort de ma bouche. Aucune larme ne sort de mon corps. Aucun signe de vie ne semble pouvoir s'extirper de mon être. Je ne parviens même pas à croire que ses mots proviennent de cette bouche que j'ai tant fantasmée. J'entends la porte claquer. La délivrance prend la voix de mon père :

— Bonjour ! On a une bonne nouvelle à fêter ! Je… Tu pleures ?

Il entre dans ma chambre, se rapproche du lit de sa tendresse maladroite. Je m'autorise enfin à craquer devant lui.

— J'en peux plus papa d'avoir si mal chaque fois que je fais confiance…

Mon chagrin est inconsolable. Il me serre fort dans ses bras. Il pleure. Ses larmes coulent le long de mon cou, et c'est bête, mais ça me fait du bien. Deux aimants sèment en s'aimant.

— Je suis désolé de ne pas avoir su faire, de ne pas avoir vu.

22

Je fais le pied de grue devant l'immeuble de Marcel. En entendant sa voix grésiller à l'interphone, je suis rassuré : il n'a pas oublié ma venue.

Ascenseur, porte, appartement, pantoufles. Tout est là pour faire de cette matinée une expérience positive sur le chemin d'une confiance retrouvée.

— Bonjour Marcel !

— Où est ton écharpe ?

— Je l'ai encore oubliée....

— Un comédien de théâtre porte une écharpe, et c'est non négociable. Il faut que tu protèges ta voix.

J'essaie de noyer le poisson :

— Comment vas-tu ?

— Mieux qu'hier. C'était juste un petit malaise de rien du tout. Le toubib m'a dit de me reposer aujourd'hui.

— Comment ça ?

Je comprends que Sophie l'a couvert hier soir, et que le malaise de Pauline était en réalité le sien. Il enchaîne, comme s'il n'avait pas entendu. Voilà un avantage à prendre de l'âge : à force, les gens ne savent plus vraiment si vous êtes sourd ou juste désintéressé. On s'installe sur le canapé en cuir, et je lui confie :

— Marcel je suis désolé. Je n'ai pas réussi à apprendre le début du monologue par cœur…

— Garde tes excuses. Le monde se suffit à sa propre culpabilité. Maintenant, pose-toi les bonnes questions, pourquoi tu n'arrives pas à apprendre ce texte ?

— Je ne sais pas…

— Qu'est-ce qu'il s'est passé hier de plus important que ton texte ?

Je le sais évidemment, mais je ne sais pas comment le lui dire. Je ne veux pas faire de Marvin une excuse.

— C'est parce que… j'ai le cœur un peu lourd depuis hier.

— Parfait ! Tant mieux.

— Comment ça ?

— Ces émotions sont des trésors que tu dois garder bien au chaud à l'intérieur.

Cherche physiquement où elles se trouvent, et contacte-les quand tu joueras. Tu verras, peu à peu elles sortiront toutes seules comme un réflexe, sans que tu aies à te replonger dans des situations qui t'ont fait souffrir. La tête est le pire ennemi de l'acteur. Essaie de ne pas être dans l'action, mais dans la réaction.

— Pour l'instant c'est mal parti...

Il observe mon livre de *Cyrano* posé sur la table.

— Il vient d'où ce livre ? me demande-t-il.

— C'était celui de mon grand-père.

Son regard s'embue, une vive émotion le traverse.

— Tu étais proche de lui ? me demande-t-il.

— C'était l'homme que j'admirais le plus au monde. Quand j'avais trop peur que mon père me voie triste à l'école, j'allais me réfugier chez lui. On pouvait passer des nuits entières à rigoler en regardant des films alors que j'avais classe le lendemain. Il parlait fort, il vivait fort. J'étais fasciné de le voir si libre en me sentant si enfermé à l'intérieur de moi-même. Je lui parlais de mes problèmes d'enfant qu'il considérait comme des problèmes d'adulte. Il ne jugeait jamais. Il aimait tellement la vie...

et il aimait tellement ton travail. Il a vu toutes tes pièces. C'était un grand quelqu'un.

Les larmes inondent ses yeux bleus. On croirait la mer, venue se jeter dans l'océan.

— Tu vois, les punks, ce n'est plus ce que c'était… Je n'ai jamais eu de petit-fils alors… C'est une superbe idée de prendre la tirade des nez. Pour qu'il soit un peu avec toi.

— Avec nous ! conclus-je.

Je saisis mon livre à la page cornée. Le silence se suspend à son petit rictus, qui m'invite à me lancer dans le vide. Je prends une grosse voix tremblante, tout comme mon livre dans ma main fébrile : « Vous… Vous avez un nez… heu… un nez… très grand », puis enchaîne la tirade de Cyrano dans ce qui me paraît un exercice schizophrène.

Le débit de parole dans lequel je dissipe ma gêne pourrait terminer *Cyrano* en dix minutes. Alors que je finis le monologue, Marcel me sourit. Dans le silence du condamné, j'attends le coup de grâce.

— De quoi tu as peur Baptiste ?

— Je ne sais pas…

— Je te laisse chercher.

Il se lève et quitte la pièce. Je l'entends pisser pas très loin du salon. Je gagne du temps sur la chronologie de l'intime. Quand il revient s'asseoir sur le canapé, je lui délivre le fruit d'une réflexion avortée.

— Je crois que j'ai peur que tu me trouves mauvais…

— La seule raison pour laquelle je pourrais te trouver mauvais, c'est que tu n'aies pas apporté de croissants ce matin…

Son rictus de glouton me réconforterait presque.

— Ensuite, on va travailler, c'est tout à fait normal. D'abord : tu vas trop vite. Beaucoup d'acteurs qui commencent à appréhender des monologues tentent de se débarrasser du texte. Et tu sais pourquoi ?

— Non…

— Parce que, comme toi, ils craignent d'être mauvais. En voyant toutes ces lignes, ils se disent que le public s'emmerdera. Ils se battent avec les mots, alors qu'il suffirait de les aimer. Il faut prendre le temps de les rencontrer, les découvrir, les goûter, pour pouvoir leur faire l'amour.

« On va commencer par comprendre la situation. Avant que Cyrano ne prononce sa tirade, que se passe-t-il ?

— Le comte de Valvert le provoque sur son nez, ça le rend dingue.

— Pourquoi ?

— Parce qu'il est complexé...

— Oui, mais encore ? Qui est présent dans la scène ?

— Le comte, Roxane et...

— Voilà, le plus important : il y a Roxane ! Et Cyrano est fou amoureux d'elle, mais il n'arrive pas à le lui dire. Donc tu imagines ? Qu'est-ce que ça te ferait si quelqu'un se moquait de ton plus gros complexe devant la personne que tu aimes ?

— Je suis paniqué, et j'ai envie de le défoncer.

— Voilà ! et c'est exactement ce que fait Cyrano, sauf qu'il le défonce avec ses mots. C'est un don sur lequel il sait pouvoir compter. Vu que tu n'auras pas de réplique pour le concours, je te conseille d'inclure la phrase du comte dans ton texte, comme si tu la répétais pour bien mesurer l'affront qu'il te fait.

— Mais on a le droit de rajouter du texte ?

— On est punks non ?

— Merci Marcel...

— Tu me remercieras plus tard. On a du travail. Recommence et prends ton temps cette fois, en essayant de t'amuser et de comprendre ce que tu joues.

— Ça fait beaucoup à la fois.

— Laurent Terzieff disait : « Le théâtre n'est pas ceci ou cela, il est ceci et cela. » Allez, à toi.

— « Vous… Vous avez un nez… heu… un nez… très grand » ? « Ah ! non ! c'est un peu court, jeune homme ! On pouvait dire… Oh ! Dieu !… bien des choses en somme… »

— Stop ! C'est mieux. Mais on va essayer quelque chose : tu exploses de rire, car tu trouves le comte si ridicule. Je te lance : « Vous… Vous avez un nez… heu… un nez… très grand. »

Je m'esclaffe, comme si je me foutais de la gueule de Marcel :

— « Ah ! non ! c'est un peu court, jeune homme ! On pouvait dire… Oh ! Dieu !… bien des choses en somme… »

— Parfait. Maintenant, on va essayer autre chose. Cette fois-ci, il faut qu'on comprenne que « Oh ! Dieu ! » puisse le juger comme odieux.

— Euh… j'ai pas compris.

— Tu lui dis « Oh ! Dieu ! », mais tu sais qu'il y a un double sens. C'est toute la force de Cyrano : il connaît le poids des mots et s'amuse à jouer avec.

Je m'exécute, et peu à peu, je le sens, je commence à lâcher prise et à prendre de plus en plus de plaisir. C'est la première fois avec un texte classique. Je comprends que le plus intéressant dans ce travail est de se concentrer sur le texte et le personnage. Je suis fasciné par la tâche, j'ai envie de poursuivre l'exercice pendant des heures. À chercher avec Marcel. À construire la pensée du personnage.

— Très bien ! Mais ne te presse pas, prends le temps de goûter chaque mot. De sentir sa texture, ses travers, sa phonétique. Tout est important. Rien n'est anodin. On enchaîne.

— « En variant le ton. Par exemple, tenez :

« – Agressif : "Moi, monsieur, si j'avais un tel nez, il faudrait sur-le-champ que je me l'amputasse !" »

— Stop ! Après « agressif », tu es en colère. Comme si tu voulais lui faire peur.

Je reprends, mais ma colère est paralysée.

— Je n'y arrive pas.

— Pour t'aider à te raccrocher au sentiment, qu'est-ce qui t'a mis en colère récemment et qui pourrait t'aider à la ressentir ?

— Un mec qui m'a dit des choses horribles hier.

— Parfait. Ferme les yeux. Tu étais où pendant ce coup de fil ?

— Dans mon lit.

— Imagine-toi dans ton lit avec ton téléphone. Tu étais dans quel état ?

— J'étais tellement en colère.

— Parfait, maintenant revisualise ton appel. Ce qu'il t'a dit. Et tu raccroches. Tu es dans quel état ?

— Là tout de suite ? Je pourrais lui brûler les couilles à l'acide chlorhydrique.

— Parfait, je prends mon extincteur. Recommence.

Soudain, ma colère se pavane dans un cri libérateur :

— « MOI, MONSIEUR, SI J'AVAIS UN TEL NEZ, IL FAUDRAIT SUR-LE-CHAMP QUE JE ME L'AMPUTASSE ! »

— Stop ! La plupart des comédiens pensent qu'il faut crier pour mimer la colère. Mais il n'y a rien de plus impressionnant qu'une personne en colère qui se contient. Le spectateur est en tension, car il sent que le personnage peut exploser à tout moment. C'est ce qu'on veut chercher. La complexité des sentiments. Toujours jouer l'inverse de ce qui est écrit.

Je repense à Marcel sur scène, dans la première scène du *Misanthrope*, quand sa colère sourde me tenait en haleine et que j'étais pendu à ses lèvres. Je pourrais l'écouter me donner des cours de théâtre pendant des heures. Passionné, il en est passionnant.

— Recommence, mais intériorise tout ça. Tu as envie de le brûler, mais tu te contiens. Tu te retiens, parce que tu sais que Roxane est à côté et qu'il ne faut pas que tu t'emportes, car elle risquerait de te trouver colérique et misérable. Tu es en colère et tu as peur à la fois.

J'ai repris. À deux doigts de devenir pyromane.

Soudain Marcel se tourne vers moi, les yeux perdus dans un vide immense.

— Tu as choisi quel texte déjà ?

— Euh… *Cyrano*…

— *Cyrano* ?

Je n'ose rien répondre. La démence est un symptôme. Et elle progresse inexorablement. Je le sais, car mon oncle est décédé d'un « cancer généralisé de type IV ».

Je me lève sans qu'il m'y invite. Et dans ses yeux, je perçois un éclat de fierté de me voir prendre ma liberté en main, si futile soit-elle. Il se lève à son tour et me raccompagne. Je me retourne et le regarde pendant qu'il se vide de ses souvenirs. Barbara Pravi a raison, on enferme pas les oiseaux.

23

Marvin est assis, les névroses bien installées au fond de la classe, le nez pendu dans son livre. Au sommet de la montagne de l'angoisse, il m'est toujours aussi difficile de respirer. Estelle commence son cours et je vacille déjà.

— Qui aimerait passer aujourd'hui ? Je vous rappelle que c'est notre dernier cours avant les vacances de Noël.

Camille lève le doigt, suivie de Maxime et Sébastien. Nous avons enfin la confirmation que Sébastien possède un bras, capable de s'articuler dans un mouvement travailleur.

— Sébastien ? Tu veux passer une scène ?

— Euh... non. J'ai très envie d'aller aux toilettes...

— Prends ton sac, ton manteau et je ne veux plus jamais te voir dans ma classe.

Sébastien disparaît, laissant planer une question : que faisait-il en cours avec nous depuis le début de l'année ?

— Bon, pour ceux qui restent. Camille tu veux passer quelle scène ?

— *On ne badine pas avec l'amour*, avec Marvin.

Tout mon corps se contracte, partagé entre la colère et la colère. Sur scène, ce sourire qui le protège du monde. Ce masque pour mieux semer le trouble. Il est si proche, mais n'a jamais été si loin. Le fossé est creusé. Ils sont assis par terre et se font face. Dans la scène, Perdican et Camille sont fous amoureux et se retrouvent après dix ans. Camille est tiraillée entre sa foi et son amour, entre son couvent et son cœur.

— Tu as raison de te faire religieuse.

— Vous me disiez non tout à l'heure.

— Ai-je dit non ? Cela est possible.

Marvin manipule même avec les mots d'un autre. Fortiche le garçon.

— Les religieuses t'ont donné leur expérience ; mais, crois-moi, ce n'est pas la tienne ; tu ne mourras pas sans aimer.

— Je veux aimer mais je ne veux pas souffrir. Je veux aimer d'un amour éternel, et faire des serments qui ne se violent pas.

— Tu es une orgueilleuse, prends garde à toi.

Il a trouvé un texte à la mesure de ses reproches. Sous nos yeux, la frontière entre la fiction et le réel s'amoindrit. Si bien que dans ces mots se cacheraient les leurs. Camille se met en colère. Les acteurs s'imposent avec les yeux, non pas avec la voix, me conseillait la veille Marcel. Perdican, joué par Marvin, se refuse à la laisser partir comme ça.

— Adieu, Camille, retourne à ton couvent, et lorsqu'on te fera de ces récits hideux qui t'ont empoisonnée, réponds ce que je vais te dire : Tous les hommes sont menteurs, inconstants, faux, bavards, hypocrites, orgueilleux ou lâches, méprisables et sensuels ; toutes les femmes sont perfides, artificieuses, vaniteuses, curieuses et dépravées ; le monde n'est qu'un égout sans fond où les phoques les plus informes rampent et se tordent sur des montagnes de fange ; mais il y a au monde une chose sainte et sublime, c'est l'union de deux de ces êtres si imparfaits et si affreux. On est souvent trompé en amour, souvent blessé et souvent malheureux ; mais on aime, et quand on est sur le bord de sa tombe, on se retourne pour regarder en arrière, et on se dit : J'ai souffert souvent, je me suis trompé quelquefois, mais j'ai aimé. C'est moi qui ai vécu, et non pas un être factice créé par mon orgueil et mon ennui.

Marvin est bourré de talent comme je suis ivre de colère. Les larmes aux yeux, comme une victime mise à nu, je le déteste de me donner encore envie d'aimer. Mais je dis « aimer » comme un analphabète du cœur. Que sait-on de l'amour à nos âges ?

24

Pour la première fois chez Marcel, nous ne répétons pas. Nous dérivons sur le fleuve du présent, comme deux âmes en confiance. Croissant, café, questions. Après la Seconde Guerre mondiale, Marcel n'a jamais revu ses parents. Partis du mauvais côté de l'histoire, la honte chassait son ombre. En classe, les enfants payaient parfois la lourde addition des parents. Mais un jour, leur directeur d'école eut une idée pour le moins brillante : des cours de théâtre obligatoires pour tous les élèves, qui seraient obligés de jouer ensemble, et de croire à une nouvelle histoire commune. Marcel était désormais libre de choisir la sienne. Le bac en poche, il avait décidé de provoquer son destin.

— C'était le 11 décembre 1959. Il neigeait sur Paris, devant mes yeux de jeune adolescent les toits se couvraient d'étoiles. J'étais fasciné par cette vie qui se révélait devant moi. Sur un bottin, j'avais trouvé l'adresse de la Comédie-Française. Alors sans le sou, j'ai attendu patiemment devant l'entrée des artistes, en réfléchissant à un plan. En voyant les techniciens entrer dans le bâtiment comme un banc de sardines, j'ai pressé le pas et voilà que j'entrais dans la maison de Molière sans y avoir été invité. J'étais déjà punk tu sais ? Et… qu'est-ce que je disais déjà ?

— La maison de Molière !

— Quelle maison de Molière ?

— La Comédie-Française, où vous vous êtes infiltré.

— Oui !

On n'oublie pas son entrée à la Comédie-Française. Si arrachée soit elle.

— Une fois à l'intérieur, je ne savais plus où aller. Je m'engouffrais dans n'importe quel couloir. Au deuxième étage, une jeune femme se jette sur moi : « Vous êtes le nouveau coiffeur ? Il était temps. » J'ai saisi la chance comme un espoir… Jusqu'à ce que je comprenne, une fois dans la loge, qu'il fallait que je coupe les cheveux de Charlie Chaplin. Je ne sais pas si tu imagines à quel point, à l'époque, rencontrer de telles personnes paraissait impossible.

Les seules nouvelles provenaient de la radio ou des journaux. Les légendes perduraient. Chaplin apparaissait ce soir-là dans une soirée spéciale, composée de plusieurs numéros de danse, de chant, de théâtre…

— Et comment vous avez fait mentir les ciseaux ?

Il se met à rire :

— Je n'ai même pas eu besoin ! Une fois la loge fermée, Chaplin s'est confondu en excuses : « Je suis désolé de vous avoir fait déplacer pour rien. Je me tue à leur dire que je n'ai pas besoin de coiffeur, et que je porte un chapeau. » Armé de mon culot, je lui ai demandé s'il pouvait m'obtenir une place pour le spectacle du soir. Et le soir même, j'étais aux premières loges, avant d'y avoir la mienne quelques années plus tard.

— Vous avez raison, il faut croire en ses rêves.

— Non, il faut mettre des coups de pied dans les portes pour les laisser entrer.

Pendant ces heures heureuses se dérobe le temps condamné à l'oubli.

25

C'est l'heure de sa sieste. Je quitte Marcel le cerveau broyé dans une compote de mots. En sortant de l'immeuble, je me sens bien, alors je rentre chez moi à pied. Boulevard Saint-Michel, mon téléphone vibre. C'est mon père : « Rdv chez Akim. Rein de grave. » Un pour tous, tous pour rein.

Quelques minutes plus tard, après avoir flâné dans les rues de Paris comme un touriste en cavale, je fais face au magasin d'Akim. Mon père sort du magasin. Je relève les yeux. Au-dessus de la boutique, une nouvelle enseigne est éclairée en plein jour. Bienvenue désormais chez « Hubert & Akim ». On dirait le nom d'un club échangiste.

— Tadam ! Akim m'a proposé de m'associer avec lui. Ça fait un mois que je prends des cours de couture, je voulais te faire la surprise.

Le voici prêt à en découdre avec la vie. Un éclat de fierté s'est posé dans son sourire. Désormais, son bonheur est sédentaire. À l'intérieur, je manque de m'étouffer avec ma propre langue en découvrant les immenses posters. On y voit mon père et Akim en costume, tous sourires, dans des poses improbables.

— On s'est dit que les clients pourraient se projeter plus facilement avec nos costumes.

Sa fierté révèle l'indicible poésie du monde.

— Tu vas mieux qu'hier ?

— Oui…

Akim sort de l'arrière-boutique. L'effet de surprise est immédiat. La cause est évidente : il porte un costume rose bonbon fluo.

— Voilà notre nouvelle création…

— J'adore ! *God save the Queer*…

— Écoute-moi bien Baptiste. Ton père m'a raconté pour ton copain Melvin. S'il continue, je peux demander à des cousins de le kidnapper, et de l'emmener faire un tour sur le périph dans une Twingo jusqu'à ce qu'il se pisse dessus.

Au regard laser de mon père, Akim se reprend.

— À une époque, quand un fournisseur nous la mettait à l'envers, c'est ce qu'on faisait…

Le contraste entre ses mots et le costume rose bonbon est saisissant. La mafia du costume trois pièces est prête à s'affirmer.

*

J'arrive au dernier moment au théâtre afin de retarder au maximum ma rencontre avec Marvin. Devant les vestiaires du public, Colette m'interpelle :

— Baptiste ! C'est fini, Marvin ne t'embêtera plus.

— Comment ça ?

— Je suis allée voir Madeleine. Je suis au courant qu'il nous cache ses pourboires depuis des années. Et surtout, je ne veux plus me taire.

Marvin a le licenciement du cœur. Je remercie les ressources humaines de Colette. À l'approche de Noël, cette nouvelle est un cadeau. En montant les marches trois par trois, je me sens léger comme jamais, libéré. Dans les vestiaires, Sophie m'accueille avec une tête d'enterrement.

— Bravo Baptiste pour tes histoires de cul, sans Marvin on est bien dans la merde.

— Parle-moi encore une fois comme ça Sophie, et je te jure que tu vas même pouvoir la sentir.

Je ne sais pas ce qui m'a pris. Le regard haut et fier, je me dirige vers mon casier. Sophie claque avec fracas la porte, comme si nous n'étions pas au courant qu'elle était née en colère. Je m'assois sur le banc à côté de Chloé.

— Je suis désolé de t'annoncer que Sophie mourra conne.

— *Amen*.

— Tu as bien fait de parler à Colette en boîte… elle avait tout entendu et il faisait aussi ça avec moi.

— C'est-à-dire ?

— Il me disait que j'étais la meilleure du monde, pour me traiter ensuite de tous les noms.

— Mais pourquoi tu es restée amie avec lui ?

— Je ne sais pas, il est redevenu gentil. Et parce que j'avais l'impression que c'était de ma faute. Alors quand Colette m'a expliqué qu'il faisait pareil avec toi, c'est étrange, mais je me suis sentie mieux. Comme si je n'étais plus coupable.

— Putain, Dupond-Moretti à côté de Colette c'est un nain de jardin.

— On se casse du banc des accusés ?

On rejoint Sophie et Colette pour préparer notre nouvelle configuration à tâtons. Son absence permet à la lumière d'entrer. J'apprends que Marvin était un soleil qui brûle dans l'ombre.

26

Le père Noël est un terroriste.

Ainsi chaque mois de décembre, nous installons avec mon père des guirlandes partout dans l'appartement, comme pour mieux guetter les ombres du cœur. Dans les rues, dans les vitrines, à la télé, il est bon d'avoir le bonheur ostentatoire. J'ai longtemps espéré que Noël serait l'occasion pour « elle » de m'offrir son mea-culpa. Mais il est des bonheurs inaccessibles. De ceux qui mesurent la distance des cœurs.

Ma tante passe Noël cette année avec mes cousins. Alors, avec nos malheurs trop lassés d'avoir été déguisés dans des bonheurs trop petits, nous avons invité Akim à réveillonner à nos côtés. Des âmes se consolent quand d'autres se consument.

Akim débarque les bras chargés de vivres, la vie à bout pourtant. Ses chaussures sont aussi vernies qu'une bûche, et vu la couleur de son costume, je ne saurais distinguer Akim du sapin. Ce soir, le bonheur est enfin aussi de la partie. Nous passons à table, sortons le champagne, et mettons les petits plats dans les petits. Akim a apporté quelques spécialités turques :

— Alors ça, vous m'en direz des nouvelles. C'est de la *pide* faite maison. Notre pizza à nous, avec de la viande hachée et son œuf. Raconte-nous, Baptiste ! Comment ça se passe le théâtre ?

— Ça va... je prépare un concours de théâtre avec Marcel André.

— C'est qui ça, Marcel André ?

— C'est un comédien super.

— Il est gentil avec toi ?

— Oui... pas besoin de l'emmener en Twingo sur le périph, rassure-toi. Et vous alors la boutique ?

— Nous, on a une grande nouvelle à t'annoncer. On va organiser la première semaine de la mode du boulevard Barbès, avec un défilé dans la boutique. Est-ce que tu veux défiler pour nous ?

— Mais... je mesure un mètre douze les bras levés.

— On fait des costumes pour enfant, ça sera parfait.

Ne jamais appeler Akim en cas de baisse de self-estime. Avant de faire grimper le diabète sur la montagne de Baklavas, on passe aux cadeaux. J'ai toujours détesté cette partie de Noël. À l'ouverture des paquets, je me sens toujours obligé de feindre le plaisir. Nous avons voté en faveur de la sobriété énergétique pour faire mentir notre sapin en plastique. Un seul cadeau par personne. La philanthropie a ses limites. Mon père déchire le papier aux motifs Reine des Neiges. Il lâche un grand râle de satisfaction : un porte-clés Aquaboulevard. Quant à Akim, son rire ému révèle la rareté de ces instants partagés. Je lui ai offert un tee-shirt Twingo. Mon père se lève pour disparaître dans la chambre, revenant avec un cadeau de la taille d'une promesse. Je le déballe avec lenteur afin de retarder l'émotion qui pourrait jaillir du carton. À l'intérieur, un costume de théâtre, odeur poussière boisée.

— C'est le costume de Cyrano qui appartenait à ton grand-père…

Touché, coulé, noyé. Mon rêve est désormais un costume à ma taille.

27

Marcel a tenu à ce que nous répétions sur la scène du Théâtre Montparnasse. Il faut que je m'habitue à jouer dans l'espace. Je porte le costume de mon grand-père. Dans la salle, réveillée par quelques projecteurs, personne.

— Marcel ?

Aucune réponse. Il fait pourtant partie des gens en avance de l'avance, comme pour mieux reculer devant son heure qui approche.

Après plus d'une demi-heure d'attente, Marcel débarque essoufflé au théâtre.

— Pardon Baptiste ! J'ai complètement oublié notre rendez-vous. En ce moment, mes souvenirs se fracassent contre le mur de l'oubli.

Je le rassure et arguë un retard commun. Mais je vois bien qu'il lui est de plus en plus difficile de se trouver des excuses. De se trouver tout court sans doute. Sa vie comme un cache-cache avec la mort.

Je monte sur scène. Dans une grande inspiration, je m'élance, vite rattrapé et interrompu par Marcel, bien plus alerte qu'à son arrivée :

— Stop ! Baptiste, tu bouges dans tous les sens. On dirait un poisson dans une piscine olympique. Ferme les yeux. Imagine que tu as un énorme poids entre les jambes.

Les vieilles personnes oublient parfois les doubles sens.

— Cet énorme poids, c'est ton centre de gravité. Il est si lourd à porter, que tu ne peux pas te déplacer sans savoir où tu vas. Sinon, le public se perdra en même temps que toi. On va reprendre. Imagine la personne qui te provoque, en se moquant de ton plus gros complexe, et adresse-toi à elle. N'essaie pas d'être bon, mais sincère. Oublie tout ce qu'on a déjà travaillé. Tu l'as en toi ce texte, essaie de t'amuser, maintenant.

Je m'exécute, mais Marcel me coupe après quelques secondes :

— Tu gardes la même musique à chaque réplique. Tu fermes les sens, et on comprend que tu ne ressens absolument rien, je me trompe ?

Il est vrai que je me sens comme un marin emporté dans une tempête, plus très sûr de son cap, ni de son navire.

— Alors, tu vas reprendre et, chaque fois que je te dis « top », tu essaies de jouer autre chose.

— C'est-à-dire ?

— Un nouveau sentiment. Cet exercice va te bousculer et t'empêcher de jouer comme un robot.

Je m'exécute, hésitant, et reprends là où je me suis arrêté. Cyrano essaie donc de montrer à son pire ennemi qui vient de le provoquer à quel point ce dernier manque d'esprit en qualifiant si simplement son nez de « très grand ». Je prends un air contemplatif, presque poétique.

— « C'est un roc !... c'est un pic !... c'est un cap ! Que dis-je, c'est un cap ?... C'est une péninsule ! »

Chaque phrase devient une aventure. Je change de ton encore une fois, m'adressant à un public imaginaire. Je m'amuse.

— « De quoi sert cette oblongue capsule ? D'écritoire, monsieur, ou de boîte à ciseaux ? »

Je vois Marcel opiner, son regard devient plus vif, plus intense.

— Top !

Alors, je m'imagine en personnage burlesque, prêt à faire rire.

— « Aimez-vous à ce point les oiseaux que paternellement vous vous préoccupâtes de tendre ce perchoir à leurs petites pattes ? »

La malice se glisse dans ma voix, j'entends les résonances du public fictif avec lesquelles je joue. Marcel se déplace légèrement, comme un félin guettant sa proie.

— Top !

Je passe à un ton plus dramatique, amplifiant mon émotion.

— « C'est la mer Rouge quand il saigne ! »

Je me sens porté par la magie du texte, chaque mot me transcende un peu plus. Les larmes me montent aux yeux, stoppées par un nouveau « top » de Marcel.

Je ralentis tout à coup mon débit de parole, et feins de me contempler dans un miroir imaginaire, tout en étant surpris du reflet.

— « Pour un parfumeur, quelle enseigne ! »

Marcel éclate de rire, je sens que je tiens quelque chose. Je poursuis la situation, à présent paniqué, tâtant mon nez avec mes mains pour en saisir l'énormité :

— « Est-ce une conque, êtes-vous un triton ? »

J'ai l'impression de jouer avec chaque mot, chaque image, et de bousculer tout ce que nous avions pu travailler avec Marcel. Dans la salle, il applaudit silencieusement, je me sens envahi par une énergie nouvelle.

— Top !

Je mets un peu de naïveté dans ma voix, comme un enfant curieux.

— « Ce monument, quand le visite-t-on ? »

— Top !

Le jeu s'intensifie, je change de registre le plus vite possible, adoptant un ton militaire.

— « Pointez contre cavalerie ! »

Marcel se tient maintenant sur le bord de son siège, accroché à chaque mot.

— Top !

Je termine avec un ton tragique, presque parodique.

— « Le voilà donc ce nez qui des traits de son maître a détruit l'harmonie ! Il en rougit, le traître ! »

Je me rends compte que ma voix tremble d'émotion. La tirade prend tout son sens, comme une catharsis, une libération. Pour la première fois, en jouant ce monologue de Cyrano, je me sens léger, comme si son nez, si pesant au départ, n'était plus qu'un détail dans le grand tableau qu'est cette scène.

Marcel s'avance, les yeux écarquillés :

— C'était exactement ça, Baptiste ! C'était vivant, c'était vibrant ! Si, sur scène, tu sens que tu t'enlises dans un sentiment, et que tu ne saches plus comment en sortir, joue autre chose ! Il faut aussi savoir parfois créer le danger, il va te pousser à t'adapter et t'empêcher de dévier du moment présent.

Fier, je me sens enfin capable de jouer avec le danger, après l'avoir si souvent fui dans le passé.

28

C'est le grand jour.

Les yeux à peine ouverts, mon cœur bat *crescendo* la symphonie de l'angoisse. Aujourd'hui, même l'air pourrait peser son poids. Je traîne mon trac jusqu'au salon où m'attend un post-it, griffonné de la main de mon père : « Merde. Je t'amie. Ton papa déjà si fier de tio. »

Je me demande à force s'il n'écrit pas en ch'ti. Son « Merde » reste pourtant un souffle de bienveillance dans cette tempête du destin. Je glisse le post-it dans ma poche.

Dans le métro, j'essaie de relire mon monologue une dernière fois, comme une bouée de sauvetage à laquelle m'accrocher. Pourtant dans mon esprit, c'est la page blanche. Les mots s'emmêlent et ma mémoire me fait défaut. J'ai appris du meilleur.

Avenue Jean-Jaurès, je n'ai plus envie de vomir.

Devant les Cours Florent, je surprends Akim et mon père. Akim porte le tee-shirt Twingo que je lui ai offert à Noël, fier de son effet. Sur son visage, mon père arbore quant à lui toute la fierté du monde :

— Tu croyais vraiment qu'on raterait ça ?

Akim s'avance pour me tendre un œil bleu en verre.

— Tiens. Chez nous, on appelle ça le « *Nazar Boncuğu* ». Mets ça dans ta poche, ça te protégera du mauvais œil.

Je m'exécute. Le cœur vacillant, la gorge nouée, les jambes qui flagellent, mon corps est une feuille que le vent pourrait emporter. Je sais pourtant qu'Estelle et Marcel m'ont prévenu : rien n'est plus subjectif qu'un concours. Mais la Classe libre est l'occasion de me prouver que je peux aller au bout de quelque chose, en prenant le risque d'échouer.

*

Je viens de sortir du concours. La mine défaite, au bord des larmes, je rejoins Akim et mon père sur le trottoir. En voyant mon regard, leurs yeux sont tristes et confus. Je ne parviens pas à tenir mon petit jeu plus longtemps, et laisse éclater ma joie dans leurs bras. Le pic d'adrénaline qui me parvient me fait exulter et pleurer à la fois. La pression redescend, impossible de me souvenir de manière précise du déroulement du concours. Tout ce dont je suis sûr, c'est que j'ai ressenti cette vibration dont parlait Marcel, et que j'ai pris du plaisir à jouer.

Le résultat m'importe peu à cet instant. L'essentiel est ailleurs. Je ressens encore un peu plus profondément que le théâtre est le lieu où je me sens le mieux au monde. Sur scène, j'ose enfin conquérir la liberté de me rencontrer. La passion met de la lumière au chaos. Jusqu'à ce que le nom de Sophie s'affiche sur mon portable : « Urgent. Appelle-moi s'il te plaît. »

29

Je retrouve Madeleine devant l'entrée du Père-Lachaise. Les flashs crépitent et percent la foule compacte, amassée, au pied des grilles du cimetière. Des centaines d'admirateurs sont venus assister à son dernier salut. Pour éviter fuir cette curiosité voyeuriste, mon sourire se dirige vers le ciel. Je sais qu'il en aurait eu horreur.

Marcel s'est suicidé pendant que je passais le concours. Jusqu'au bout, il aura chéri sa liberté en choisissant sa sortie de scène. Chacun y va de son hypothèse. Les journaux spéculent toujours sur les morts. J'aime à penser que c'est sa passion qui l'aura dévoré. Amoureux du théâtre et des mots, il devait lui être de plus en plus inacceptable de ne pouvoir les trouver.

L'intérieur de la chapelle est bondé comme un théâtre trop petit pour des adieux. Derrière un parterre de lunettes de soleil, je reconnais quelques acteurs notoires venus saluer un des leurs. Le cercueil fait son entrée et le rideau tombe pour de bon. De sa mort, il remplit le silence pour une éternité. Les discours s'enchaînent, et si la mort a le talent de nous voler les mots, certains ont réussi à les garder près d'eux. Les prises de parole saluent l'homme et sa carrière. Certaines rappellent sa rigueur et sa fantaisie, ses traits d'esprit et sa candeur, ses traumatismes d'après guerre et sa force qui semblait inébranlable. Il y a là tout l'héritage contrasté d'un homme complexe et passionné.

Raymond se lève et s'avance vers le pupitre, d'une démarche lourde et grave. Il raconte sa rencontre avec Marcel, sur le plateau d'une publicité pour une marque de taboulé quand ils avaient la vingtaine. En secret, Marcel avait réécrit en vers toutes les répliques de la réclame. Au moment où la caméra s'était mise à tourner, il s'était mis à improviser des répliques absurdes, avant de faire l'éloge en alexandrins des grains de semoule. L'absurdité de la scène a conquis l'équipe, et le réalisateur, séduit par Marcel, avait gardé la prise.

À mes côtés, Madeleine pose sa main tremblante d'émotion sur mon bras. Les souvenirs affluent, teintés de nostalgie de larmes. Le discours de Raymond touche à sa fin :

— Il ne sera jamais aussi vivant que lorsque nous continuerons à jouer.

*

La cérémonie terminée, le cortège funèbre accompagne le cercueil jusqu'à l'inhumation. Pendant cette lugubre marche, je me sens chanceux de faire partie des siens. Madeleine vient à ma hauteur et me tend discrètement un sac :

— Marcel m'avait demandé de te laisser ça.

À l'intérieur : un arc-en-ciel d'écharpes, sur lequel un mot est déposé, accompagné d'une photo. Submergé, les mains tremblantes, je me saisis du cliché sur lequel je découvre Marcel, la jeunesse éclatante, au côté de mon grand-père, en costume de Cyrano.

Sur la lettre, je reconnais l'encre de son stylo-plume :

Baptiste,

Quand tu m'as dit ton nom le soir de notre rencontre je n'y ai pas cru, et pourtant la ressemblance était évidente.

J'ai connu ton grand-père au lycée.

Je ris encore en imaginant son sourire. Il irradiait tout. Il était plus grand que tout, et personne n'existait plus que lui. Ce n'était pas que du charisme, c'était de la joie, pure et profonde.

Moi, j'étais le timide du fond de la classe. Je ne sais toujours pas pourquoi il avait décidé de s'intéresser à moi ce jour-là, mais j'ai envie de croire qu'il nous a inscrits à l'atelier théâtre pour me sortir de cette timidité maladive.

Nous ne nous sommes plus quittés.

Et je suis tombé dans le théâtre comme dans un monde merveilleux qui me tirait de toutes les peines et interrogations de la vie.

Ton grand-père jouait Cyrano, moi Christian. Nous étions jeunes, beaux, pleins d'espoirs.

Un soir, après la classe, il m'a proposé de me raccompagner.

« Tu verras c'est un vélo deux places. »

J'ai voyagé sur le porte bagages. Je ne sais pas pourquoi, je me souviens encore de la sensation de l'air qui me griffait le visage. Devant ma porte, nous avions scellé notre secret d'un baiser.

Chaque mercredi, après notre cours de théâtre, nous passions des heures à lire, jouer et partager. Nous écrivions une nouvelle histoire, nous étions les acteurs de nos choix, de nos vies, et aucun rêve n'était trop grand pour nous. Je nous imaginais déjà sur les planches, ensemble, lumineux, vibrants de cet amour secret.

Mais un de ces soirs, ton arrière-grand-mère a surpris notre étreinte.

Le lendemain, ton grand père fut envoyé de force dans un pensionnat à des centaines de kilomètre de là. Je n'ai plus eu aucune nouvelle.

Alors je lui ai écrit. Chaque semaine.

J'envoyais des lettres chez ta famille, sans savoir si mes mots lui parviendraient.

Quelques mois plus tard, j'ai finalement eu ma réponse : « Désolé Marcel, *mon cœur est ailleurs désormais. Ne m'écris plus s'il te plaît.* »

Ces mots m'ont hanté pendant des années.

Je n'ai plus jamais eu aussi mal.

Mais j'ai continué le théâtre. En essayant de faire de ma douleur une force.

Plus tard, lorsque je voyais mon nom sur des affiches, je continuais d'espérer que ce succès arriverait jusqu'à lui et qu'il en serait fier.

Comme par magie, il est réapparu un soir devant l'entrée des artistes de la Comédie-Française.

Il m'attendait.

C'était en décembre. Je me souviens de son sourire, toujours le même. Après leur décès, il avait vidé la maison de ses parents, et retrouvé toutes mes lettres dans une malle, sans comprendre.

Je lui ai expliqué : les lettres, l'attente, la réponse, la douleur.

Nous avons tous de suite compris que la réponse qui m'était parvenue n'avait pas été écrite par lui, mais par tes arrière-grands-parents. Pour eux, aimer pouvait être un crime.

Arrachés à notre premier amour, ton grand-père avait refait sa vie. Il avait rencontré ta grand-mère, elle était enceinte.

On ne refait pas l'histoire, mais on n'oublie jamais la première personne à y conquérir un cœur.

À son décès, j'ai longuement hésité avant de venir à l'enterrement. Mais à la dernière minute, je me suis ravisé. Je t'ai parlé du silence. Certains secrets en ont la beauté.

En voyant de sa passion dans la tienne, j'ai voulu t'aider.

L'amour et les rêves sont précieux, Baptiste.

Prends-en soin et ne les enterre jamais.

Merci pour tes rires, et ta joie contagieuse.

Comme toutes les cultures, le théâtre se transmet ou il meurt.

À ton tour,

Marcel

PS : Les punks aussi mettent des écharpes.

Les larmes défilent sur mes joues. Alors, je m'avance, fragile, vers le cercueil, et lui adresse un dernier : « Merde. »

Épilogue

Toujours aussi mal à l'aise de voir mon nom sur une affiche. Après notre échec commun au premier tour de la Classe libre, Marvin avait envoyé sans me le dire le texte que j'avais écrit sur « elle » à plusieurs producteurs.

Ce geste était une manière pour lui de me présenter ses excuses, qu'il m'a d'ailleurs formulées quelques jours après l'annonce de nos résultats. Il a entamé une psychothérapie, conscient du comportement malsain qu'il reproduisait dans chaque relation. Depuis la mort de son père, sa peur de l'abandon ne faisait que grossir. Par peur de souffrir, il sabotait tout.

Depuis l'entrée des artistes, je fume une clope en contemplant le public entrer dans le hall du théâtre. La rumeur se répand jusqu'au trottoir. Dans la queue, je distingue Chloé et

Colette, complices. Marie-Christine a elle aussi fait le déplacement depuis Montpellier pour assister à la première.

Je sens une main se poser sur mon épaule : c'est mon père, pour la première fois il me surprend une cigarette à la bouche. Il fait comme si de rien n'était, sans savoir que tout y est. Je sais qu'il sait. Je sais qu'il a vu. Je suis adulte maintenant.

— Mon fils, profite de cette première. Prends du plaisir. J'en connais un là-haut qui doit être sacrément fier. Et moi aussi.

Je n'ai jamais évoqué avec mon père le secret de mon grand-père avec Marcel. Marcel a oublié qu'on ne sort jamais quelqu'un du placard tout seul. Je sais cependant que, là-haut, ils sont deux désormais.

La pièce se nomme *Rue de la Gaîté*. C'est un seul en scène. Elle raconte ces quelques années de jeunesse, pendant lesquelles je me suis perdu pour mieux me trouver. Elle traite surtout de l'absence. De comment interpréter les silences.

Mon père me serre de toutes ses forces dans les bras. Le silence entre nous est bruyant de cet amour qui ne se dit. Je perçois une vive émotion dans son regard avant qu'il ne rejoigne Akim dans la queue.

Soudain, une ombre traverse du trottoir d'en face et se rapproche. Un parfum d'enfance se révèle à mes narines, je tourne la tête par instinct.

« Elle » est là.

Seule.

Derrière moi.

Comme si les démons nous poursuivaient pour toujours. Mon cœur bondit, mais je suis cloué au bitume.

— Bonjour Baptiste.

— Bonjour.

— Vous étiez beaux avec ton père.

(Silence.)

— Dis donc, toujours aussi bavard.

J'ai envie de lui répondre : « Et toi, toujours aussi conne » mais je suis incapable de prononcer un seul mot.

— Ton père ne t'a pas appris la politesse ?

C'est la phrase de trop. Je bouillonne et lui rétorque enfin quelques phrases :

— Il m'a appris bien plus. Qu'est-ce que tu veux ?

— J'ai lu le résumé de ta pièce… c'est dans ta tête tout ça. Si tu persistes à dire que j'ai été violente, tu entendras parler de moi.

— Génial.

— Pardon ?

— Je n'ai plus peur de toi. Je sais me défendre, maintenant.

Je la regarde à nouveau en silence. « Elle » paraît abasourdie. Marcel me l'a si bien appris : le silence est assassin quand il est l'expression d'une pensée.

— Il faut que j'aille me préparer. Je te laisse, maman.

Je tourne les talons, et me rends compte que, pour la première fois depuis des années, j'ai prononcé le mot. C'est étrange, mais ça me fait du bien. La nommer, c'est accepter que tout cela a existé. Je suis prêt à avancer, maintenant.

Composition réalisée par Belle Page

Cet ouvrage a été imprimé en France par
CPI Bussière
Z.I. rue Pelletier Doisy
18200 Saint-Amand-Montrond (France)

pour le compte des Éditions Fayard
13 rue du Montparnasse, 75006 Paris
en décembre 2024

PAPIER CERTIFIÉ

N° d'édition : 74-9932-4/01 - N° d'impression : 2080618